おうちで簡単くびれ作り

リブトレ

Rib Training

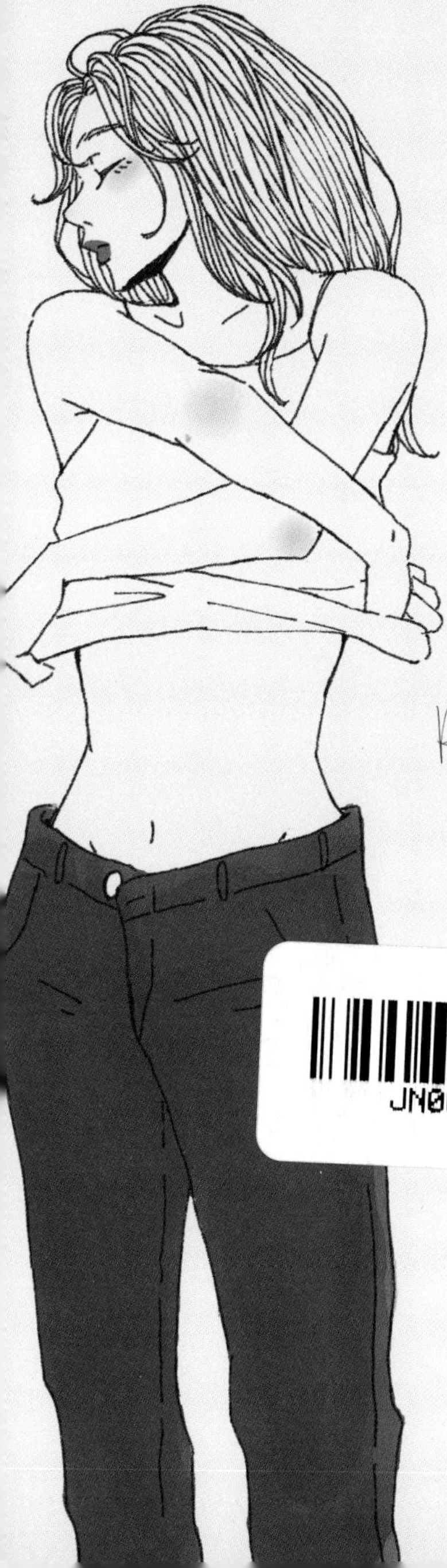

郎

ダイヤモンド社

ボディメイク緊急事態宣言

State of emergency for body make

外出の機会が減ったことで、ボディのゆるみが気になっている人が増えています

家にいる時間が長くなったことで体にも緊急事態宣言が出てしまっている人が多いのではないでしょうか。あるいはオンラインミーティングで自分の映像を見て、顔まわりのたるみや、姿勢の悪さにハッとした人もいることと思います。体のゆるみに気づけたことはチャンスです。通勤や移動の時間が減って自由な時間が確保できた今こそエクササイズを始める絶好のタイミングです！

いきなり運動といわれると敷居が高く感じるかもしれませんが、大事なのは、かたよった姿勢が原因でこり固まった筋肉を、体を動かしてほぐしてあげることです。マッサージや整体に通うのも悪くはありません。しかし、体は自分で動かさなければ衰えていく一方なのです。立って歩くだけ、少しストレッチをするだ

運動指導者　森 拓郎

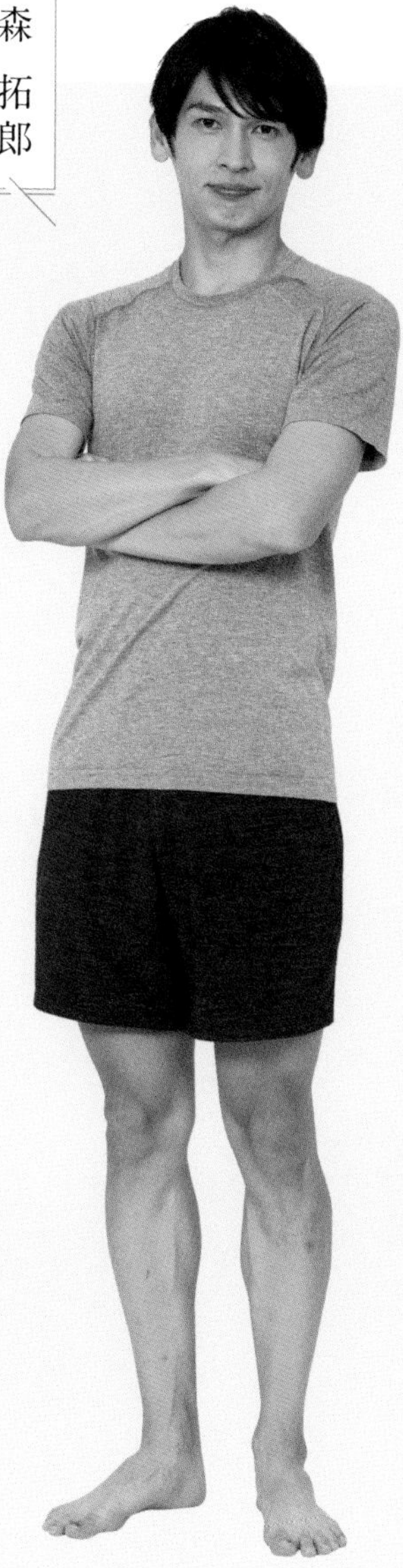

けでも十分な運動で、体はそれを続けることでいい方向に改善していきます。

毎日体を動かすことが大事なのは誰でもわかっていることだとは思いますが、そのモチベーションの維持に必要なのは、体の変化ではないでしょうか。本書のエクササイズは、誰でも簡単にできることから1週間ごとに少しずつレベルが上がるため、変化を感じながらも無理なく続けていくことができると思います。

みなさんも始めるチャンスがなかっただけで、一度はじめたら体が変わっていくのがうれしくなって毎日やりたくなるはずです。

今回のリブトレは9割の人がうまく使えていないろっ骨をメインテーマにして、上半身に埋もれているいくつものくびれを掘り起こすことにフォーカスしています。誰にでも備わっている筋力を引き出すものなのでひとりでも簡単にくびれが作れます。動画では私もお手伝いしますのでぜひお試しください。

1日5分 4週間で見違える！

おうちで簡単くびれ作り

リブトレ

Rib Training

それは――。
食事制限なしで〝ずん胴体型〟から脱出、
おうちで簡単にくびれボディになる方法。
まずはリブ＝ろっ骨（あばら骨）を締めて、
〝美リブ〟をゲットしよう！

リブトレ最強伝説

美リブになるといいこと ベスト20

ウエストがくびれる

小顔になる

首がスラリと長くなる

アンダーバストが細くなる

肩が下がって女性らしい印象に

バストが上向きに

下腹も引き締まる

背中から腰にかけてのラインがカーヴィーに

背中のブラのハミ肉が消える

首こり・
肩こりに
サヨナラ

わき腹の
もたつきが
解消

呼吸が
深くなって
リラックス
できる

ハリのある
デコルテに!

反り腰を
直してナチュラルで
ラクな姿勢に
改善

長年の
ねこ背が
姿勢美人に

腰痛が
消えていく

肉を拾う
薄手の
カットソーも
怖くない

おしゃれ服が
似合う
トルソー体型に!

血行が
よくなって
肌に透明感が
よみがえる

とにかく
気持ちが
明るくなる!

そもそもリブトレって何？

リブトレーニング、略してリブトレ。ろっ骨（あばら骨）を英語でribといいます。

スタイルはろっ骨で決まります。それは、ろっ骨が胴体を形作っているからです。上半身には背骨という柱があり、背骨からは肺と心臓をぐるりと囲むようにろっ骨がのびています。ろっ骨は左右12対、計24本もあって、それなりに重さがあるので、ろっ骨が前に傾けば背骨も前に倒れ、ろっ骨が後ろに傾けば背骨は後ろに反り返ります。背骨とろっ骨が前や後ろに倒れれば骨盤も影響を受けます。

この本を手に取ってくださった方なら、スタイルをよくするためにダイエットや筋トレをしたことがあるのではないでしょうか。そのとき、努力に見合う結果は得られましたか？わずかな変化はあったものの、苦しいわりにスタイルが劇的によくならなかったならろっ骨を改造するべきです。

体の土台である骨が正しいポジションにないと、骨の上にのっている筋肉や脂肪を少し変えただけでは美しいスタイルは作れないからです。

骨の形は生まれつきで変えられないと諦めてはいけません。もちろん、人それぞれに多少の違いはありますが、少なくともねこ背や反り腰、肩が前にまるまった巻き肩、ろっ骨の下の部分が外に開いていてウエストがくびれない、アンダーバストが太い、首が肩に埋もれて短く見えるという悩みは、すべてリブトレで解決します。

呼吸が浅くてリラックスできないのもろっ骨に原因があります。肩や首がこるのは、ろっ骨まわりがきゅうくつに縮まっているせいで、呼吸のための筋肉が正常に働くことができないからです。

リブトレをすれば骨が変わる。骨が変わると筋肉もラクになる、脂肪もつきにくくなる。美リブという上向きスパイラルの体を手に入れましょう！

おうちで簡単
くびれ作り

リブトレ

もくじ

Rib Training
Contents

Chapter 1

リブトレでくびれボディになろう!

Chapter 2

おうちで簡単くびれ作り リブトレ4週間プログラム

2nd week

Chapter 3

みんな悩んでいる！ 肩・首・腰の不調を解決するリブトレ

トレーニング！

Let's リブトレ！

https://diamond.jp/go/pb/rib/

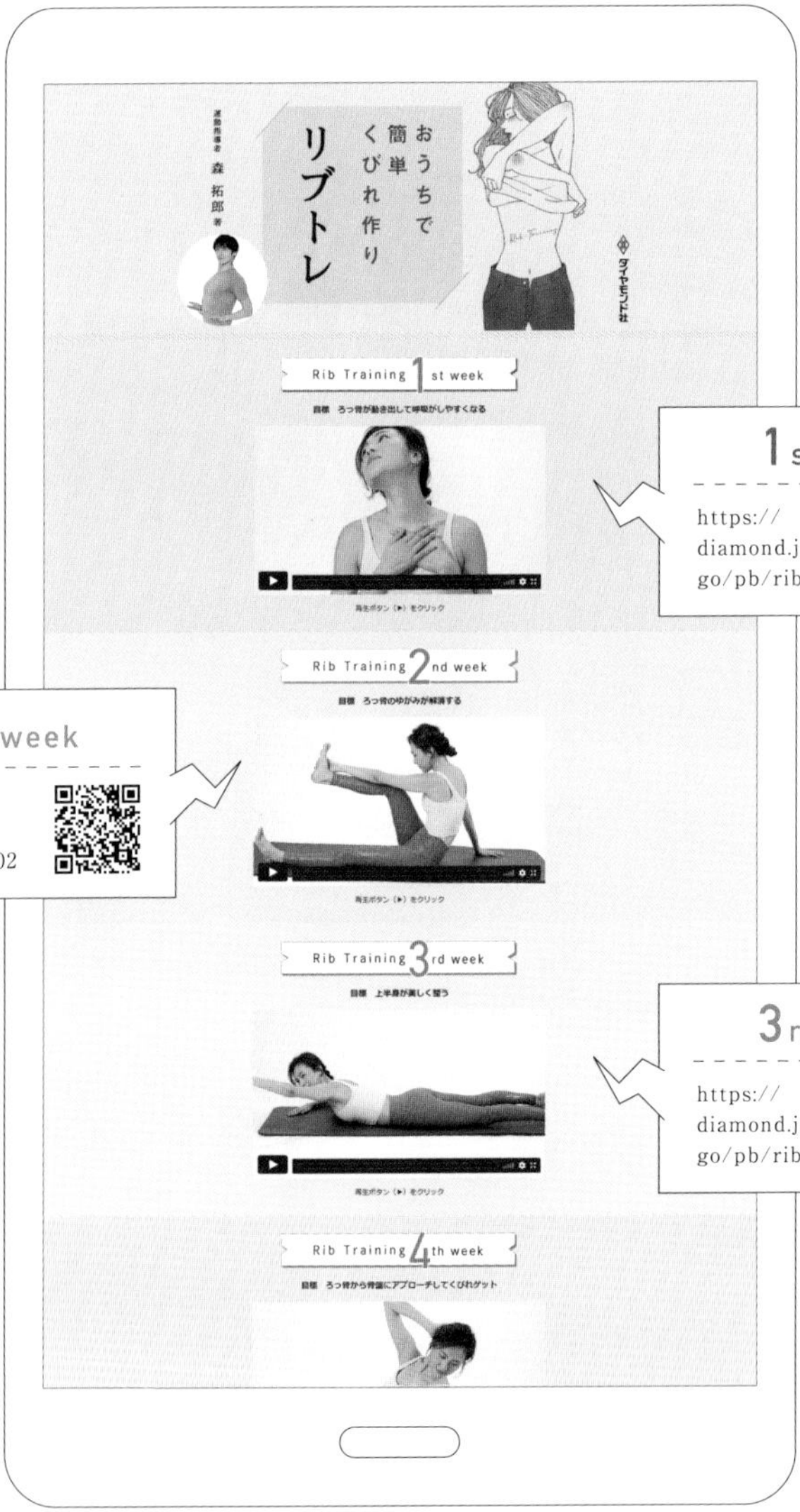

1st week

https://diamond.jp/go/pb/rib/#01

2nd week

https://diamond.jp/go/pb/rib/#02

3rd week

https://diamond.jp/go/pb/rib/#03

動画でパーソナル

森 拓郎の おうちで一緒に

4th week

https://diamond.jp/go/pb/rib/#04

不調を改善する

https://diamond.jp/go/pb/rib/#bad

このページのQRコード、もしくはURLから、この本で紹介しているエクササイズをすべて動画で見られます。

動画では私が本に書ききれなかった解説をしながら、本に示した通りのキープ時間、回数で、左右の動きともすべて順序通りにお手本を見せています。見ながら聞きながら行えるので、順番や注意点を忘れていても大丈夫。集中してエクササイズが行えます。まさにオンラインでパーソナルトレーニングを受けている感じですね。

1日に行うエクササイズは最大で5分ちょっとですが、私の解説が少し長くなって動画が長めなところもあります。ご容赦ください（笑）。

Rib training
maxim

減量は自己満足、
美リブになると周囲の扱いが激変！

――ひもじい思いをしながら3kgやせたら
「やせた!」と達成感にひたれるかもしれませんが、
誰も気づいてくれません。体重は変わらなくても
ボディラインが変わってスタイルがよくなったほうが
周囲の目や扱いがやさしくなります。

Chapter 1

リブトレで くびれボディになろう！

リブトレでくびれボディになろう！ダイエットよりも美人に見えるお得ワザ

体重を減らさなくてもボディラインは変わる！

ろっ骨と、ろっ骨につながる骨をあるべき場所に戻せば、姿勢も整い、体重を減らさなくてもボディラインはみるみる変わります。

どんなにダイエットしてもウエストがくびれない、背中の肉がブラに食い込む、首から肩にかけて肉がこんもり盛り上がっている、二の腕が太いまま……など、もったりとした上半身から抜け出せないのは、あなただけではありません。

私の知る限り**ほとんどの女性は、ろっ骨の位置がずれていたり、あるいはろっ骨につながっている腕や肩甲骨までがあるべき場所にありません**。

スリム体型なのにバストの下でろっ骨が異様に目立つのが気になる人はいませんか？これはろっ骨が必要以上に開いてしまっている状態です。

美リブになると見た目が劇的に変わる理由と、埋もれているくびれを掘り起こすためにするべきことを知ってください。

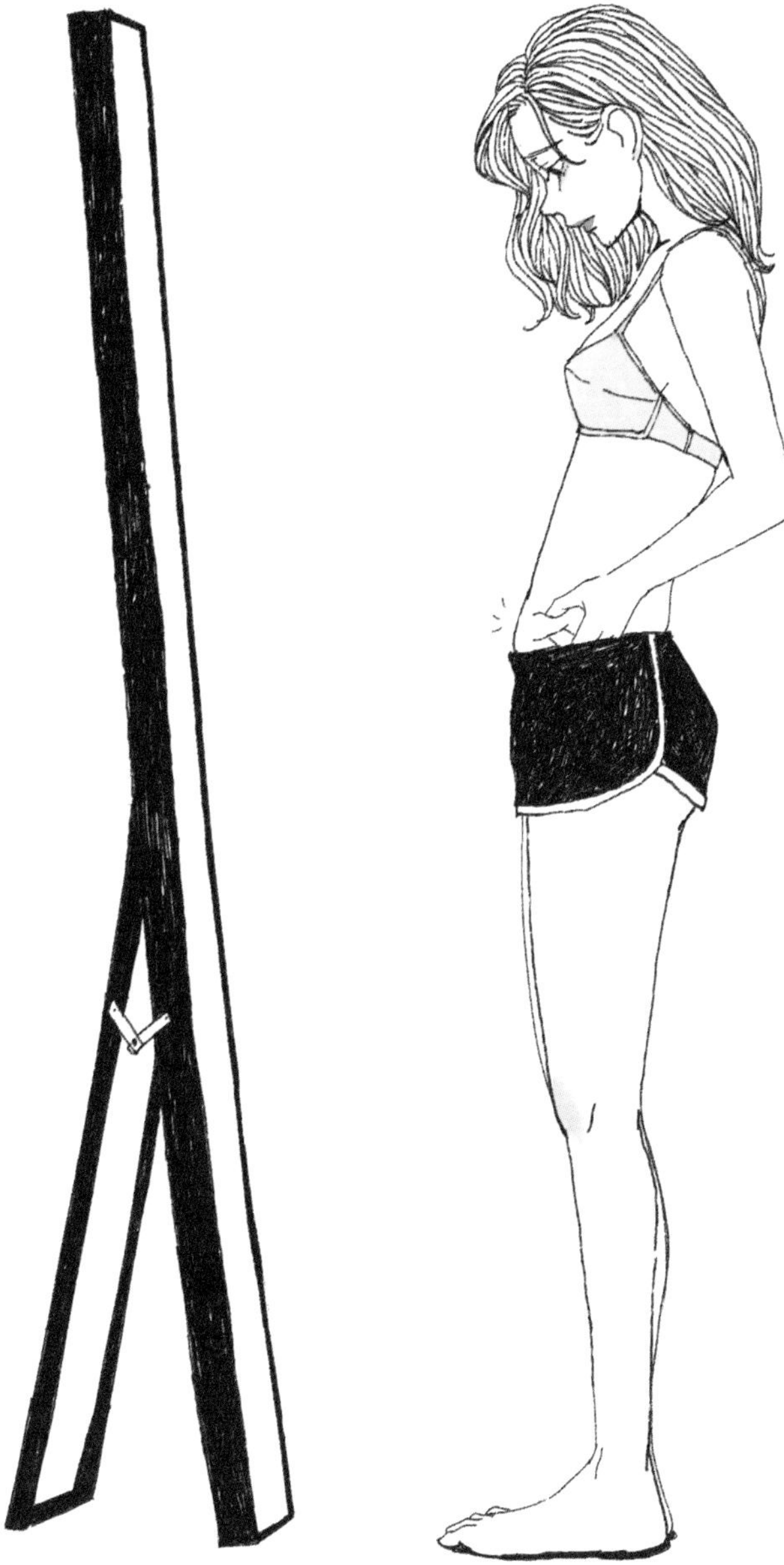

ゆるんだ顔も、もたつく上半身も
リブトレがすべて解決する

ついやってしまうくせで、ろっ骨がゆがんでしまう

ろっ骨がどこにあるかわかりますか？　**ブラの下をぐるりと一周、手でさわってみてください**。ろっ骨を感じることができます。上半身の軸は背骨（脊椎）ですが、ろっ骨は上半身の要です。背骨は首に7個（頸椎）、背中に12個（胸椎）、腰に5個（腰椎）あり、骨盤内にも骨が積み重なっています。ろっ骨は背中にある背骨から1本1本つながって、カゴのような形をしています。

ろっ骨は「動かそう！」と思わなくても勝手に動くようにできています。ろっ骨とろっ骨の間にはすき間があり、筋肉がついています。呼吸をするたびに筋肉が動いて、ろっ骨を動かしているのです。ところが、肩を前にせり出してスマホを見続ける、ねこ背が染みついている、骨盤が後ろに倒れた状態でお腹をぐしゃっとつぶして長時間座っているなどすると、筋肉が無理な方向に引っ張られたりちぢこまったりして、ろっ骨をゆがめてしまいます。

ろっ骨の動きを取り戻してくびれを復元しよう!

例えば、**顔がゆるんであごがもたつく**のは、首のすぐ下にあるろっ骨が詰まっているのが原因。**背中に肉がつく**のは、ろっ骨の動きが悪くなっているせいで肩甲骨が動きにくくなっているから。**ウエストがくびれない**のは、ろっ骨が前で開いているせいで腹筋が伸びてしまっているから。**こり固まった筋肉や、自分ではいいと思っている姿勢**が、ろっ骨の動きを妨げているのです。

とはいえ、ろっ骨は骨盤と違って動きやすい骨。**簡単な動きで少しずつ本来の形に戻り、すっきりとしたボディラインが取り戻せます**。

リブトレでは、ろっ骨を動かすのはもちろんのこと、姿勢を保つために必要な腹筋、ろっ骨につながっている鎖骨や肩甲骨、ちぢこまってしまっている首や肩まわりの筋肉からもアプローチしていきます。

ろっ骨を集中的に刺激するリブトレをすると、ろっ骨が顔やお腹を引っ張ってくれ、**顔のたるみ、ウエストのくびれができて上半身がすっきり整います**。むくみも解消し、呼吸が深くなって自律神経が整い、しつこかった肩こり・首こり、腰痛までよくなるのを実感できます。

頭、ろっ骨、骨盤の3つのだんごを正せ！

骨盤問題も解決する美リブのチカラ

くびれは誰にでもある！　埋もれたくびれを掘り起こせ!!

ボディメイクでもっとも重要なことは**頭とろっ骨、骨盤が串だんごのようにまっすぐに並んでいる姿勢**です。横から見たときに3つの骨が串だんごのようにまっすぐに並んで、体のどこにも無駄な力が入らない状態です。

骨盤が後ろに傾くと、頭を前に出してバランスを取るので背中がまるまってねこ背になります。反り腰は骨盤を前に倒して胸を反らせているので、腰に過度な負担がかかります。頭を前に突き出す姿勢は首、肩、背中に負担がかかってよいことはひとつもありません。

姿勢というと堅苦しく感じるかもしれませんが、ろっ骨につながっている鎖骨や肩甲骨、そのまわりの筋肉がラクに動かせて、筋肉が緊張してちぢこまったり、必要以上に伸びたりすることがなくなります。

この状態をキープすると、**自然とくびれが出現します**。**体にくびれがある状態というのはもっとも自然な形**。体がラクで見た目にも美しい状態なのです。

これが正解!

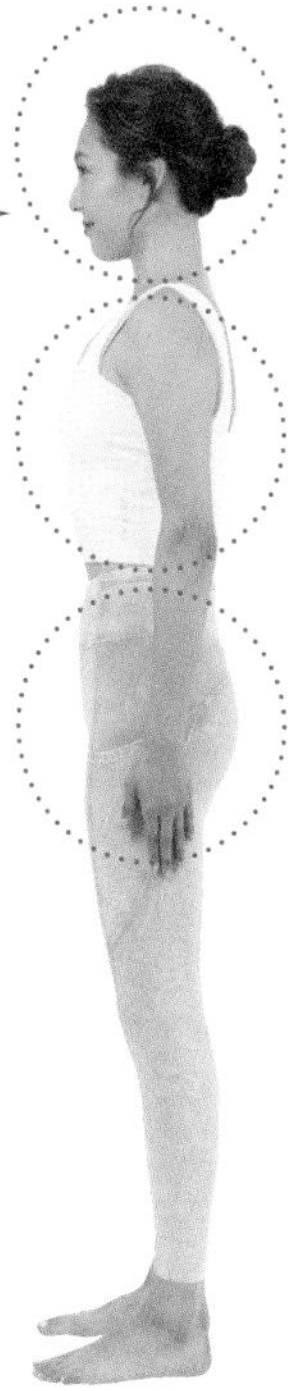

キレイな串だんご

ねこ背は骨盤が
後ろにズレている…

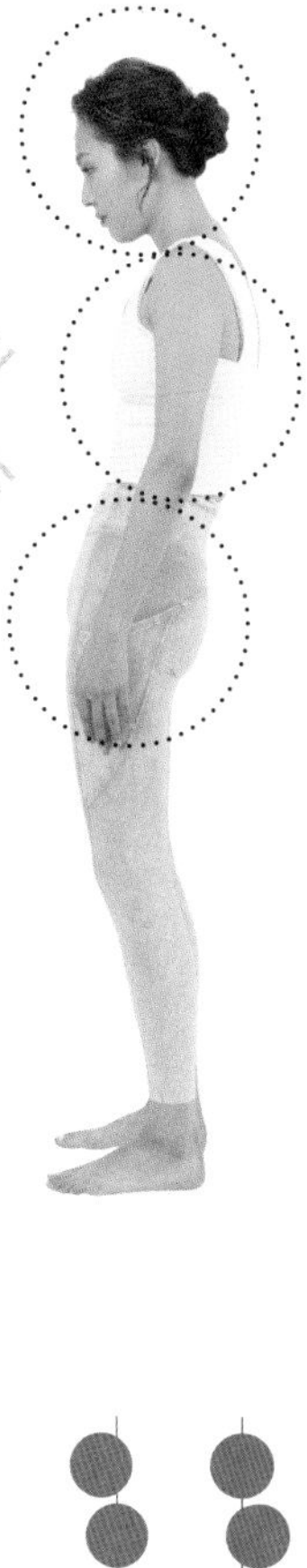

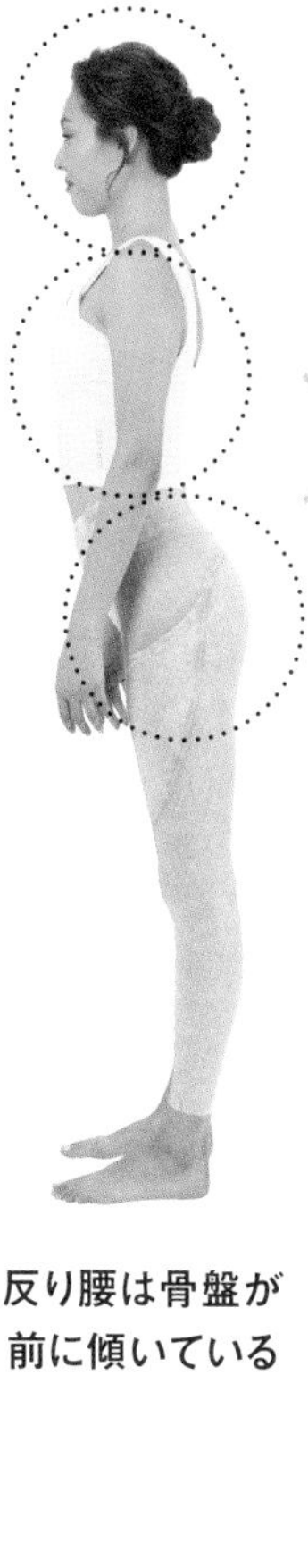

反り腰は骨盤が
前に傾いている

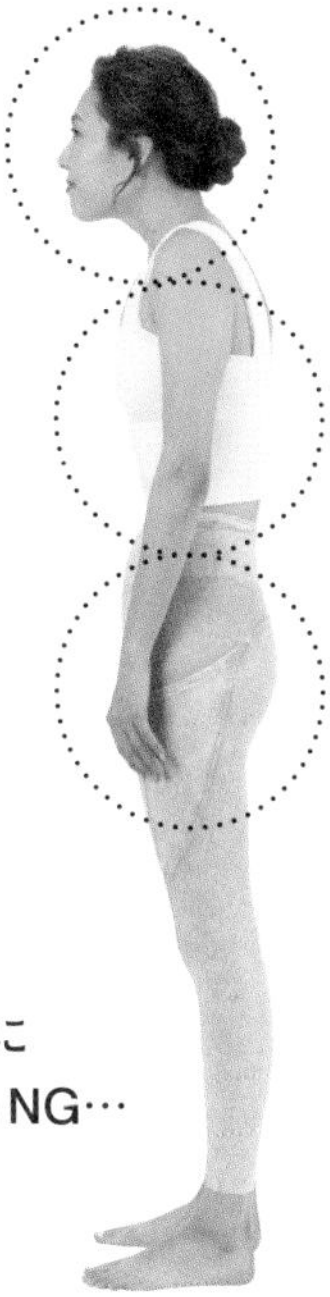

頭が前に
出ているのもNG…

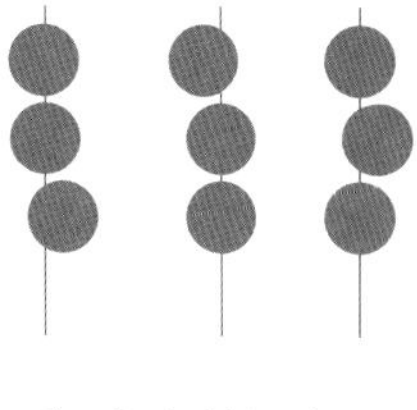

いびつな串だんごはNO!

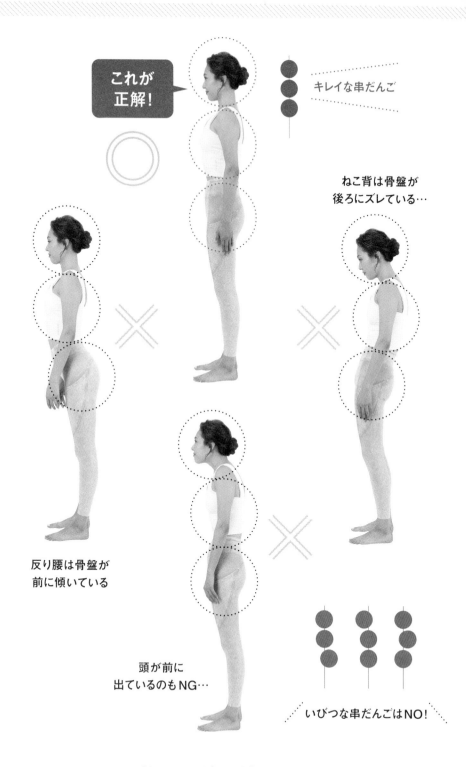

ボディは見た目が9割！ 体重は気にしなくていいんです

スタイルは一目瞭然、体重は自分しか知らない

女優さんやモデルさん、街ですれ違ったきれいな人を見て、「わ、スタイルいい！」と思うこと、ありますよね？　どうしてそう思うのでしょうか？

小顔だから？　腕や脚が細くて長い？　ウエストがくびれている？　バストの形がいい？　おしりが小さい？　ムダな肉がない？　スタイルがよいと感じるポイントはたくさんあると思いますが、それ全部、形のことですよね。

スタイル抜群な人を見て、55kgだとこうはいかないとか、この小顔だったら45kgくらい？と体重のことを考える人はまずいません。**少しくらい体重が重くても、全身のバランスと形がよければ体重はどうでもいいんです。**体重は本人以外、誰も知らないんですから。

それなのにやせればスタイルがよくなるはずだと信じて疑わない女性が多いと感じます。

もちろん体重が減ることで、スタイルがよくなることも、おしゃれな服が似合うように

なることもあります。でも、同じ身長体重だからといって同じボディラインにはなりません。平均的な身長体重の女性が2人いるとします。1人はろっ骨が整ってスタイル抜群、おしゃれな服も似合います。1人はねこ背でお腹がくしゃっとつぶれて身長が低く見え、体型ももっさり。同じ身長体重であっても、この2人が同じ服を着たら、後者はイマイチおしゃれに見えない……ということになるでしょう。

体重を減らす前に、美リブになろう！

あるいは厳しい食事制限を続けて5kgやせたとしましょう。体が軽くなって全体にスッキリするかもしれませんが、やせたからといってお腹だけがへこんだり、二の腕だけがやせたりすることはまずありません。**体重を減らすことだけを目標にすると、ピンポイントで体の形を変えることはできない**のです。バストはボリュームダウンしたくないのに胸だけやせた、下半身太りを解消したくてダイエットしたのに上半身が貧相になって下半身が以前よりも目立つようになった、幼児体型から抜け出すためにやせたのに全然くびれなかったという経験をした人も多いのではないでしょうか。

この際、体重のことは忘れてください。先にろっ骨を整えるべきです。

美リブになったのにどうしても許せない脂肪があるとしたら、それからダイエットしても遅くないと思います。

リブトレでくびれができる理由 *1*

ろっ骨のゆがみがとれる

ろっ骨の形は自分で変えられる

ろっ骨が開いていたり、傾いていたりするのは、遺伝や生まれつきのせいと諦めていませんか？　**ろっ骨の形は、なんと自分で変えられるのです。**

骨そのものがぐにゃりと形を変えるわけではありませんが、上から下まで12対あるろっ骨のすき間には筋肉があって、その筋肉をゆるめたり鍛えたりすることで、ろっ骨全体のカゴの形を矯正することができるのです。

ろっ骨の中には肺があって、息を吸うとろっ骨が広がり、息を吐くとろっ骨がちぢまることをくり返しています。細かく分けて言うと、息を吸うとろっ骨上部の骨が上に広がり、ろっ骨の下部は横に広がります。

深く呼吸するだけで、ろっ骨は大きく動くのです。ろっ骨をまっすぐに戻して深く呼吸をすると徐々にろっ骨のゆがみがとれていきます。

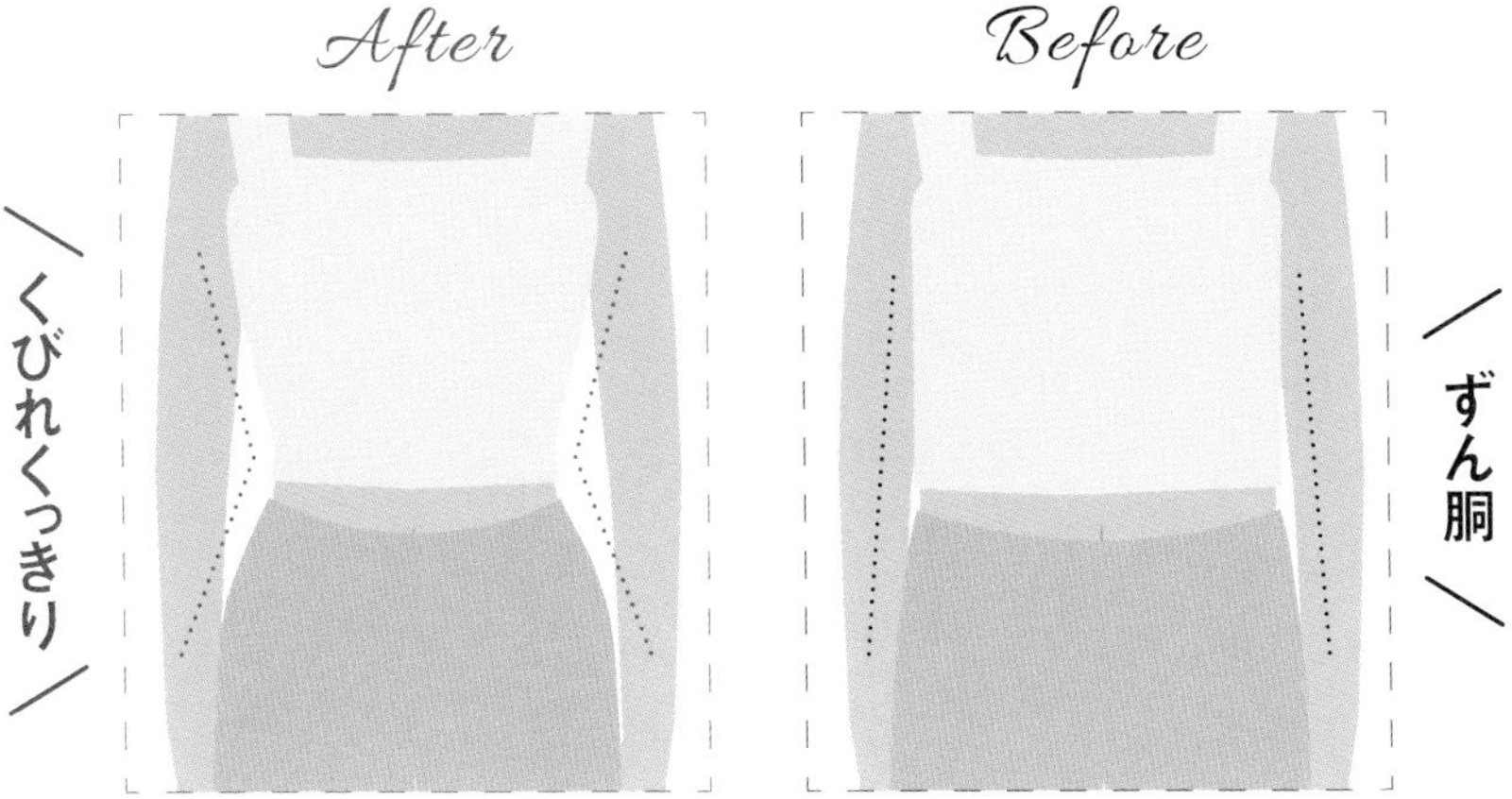
Before
ずん胴
After
くびれくっきり

ろっ骨の下部が横に広がっているとくびれようがない。また、ろっ骨を締めるための筋肉をうまく使えないので脂肪もたまりやすい。

くびれができるのはろっ骨と骨盤の間の空間。くびれを邪魔する骨がないのでろっ骨を締めて腹筋が使えればぐんと細くなる。

アンダーバストが締まって くびれが出現！

ろっ骨が大きいのも、生まれつきだから仕方がないとあきらめることはありません。ろっ骨が大きく悪目立ちするのは、ろっ骨が後ろに傾いているせいで、息を吐いても閉じにくく固まっているのが原因です。ろっ骨を体の軸に対してまっすぐにすることが最重要課題です。

ろっ骨の傾きが戻れば呼吸するたびに腹筋をうまく使えるようにもなります。ろっ骨とろっ骨の間にある筋肉がしっかり機能するようになれば、その結果、ろっ骨が締まり、お腹も引き締まってくびれができます。ただしあえて言うと、カロリーオーバーでお腹に脂肪がたまっている場合は、体脂肪を減らすアプローチも必要です。

リブトレでくびれができる理由２

体が伸びて空間が生まれる

３つのだんごが崩れると、重みで体がつぶれる

串だんごの姿勢がいいのは、頭の重み、胴体の重みが骨盤にうまくのることで、あらゆる関節が自由に動かせるからです。しかし、３つのだんごのバランスが悪いと、由々しい事態が起こります。頭の重みを首や肩が受け止めて肩に顔が埋もれる、ねこ背でお腹がぐしゃっとつぶれて脂肪がたまる、反り腰ではお腹はピンと伸びている裏で背中がたるんで肩甲骨が埋もれるなどです。

リブトレをするとろっ骨の形と傾きが整い、お腹が引き締まり、背中の筋肉が使えるようになるので、正しい姿勢を**意識しなくても自然ときれいな串だんごバランスになります。**

耳の下、わきの下、お腹の横に空間ができて、背中に健康的なＳ字カーブが戻れば、ウエストの後ろに手のひらが入るくらいの空間も生まれます。**体がスラリと伸びてあちこちに空間ができてくる**と、３６０度どこから見てもスキのない女性らしい体型に戻ります。

After

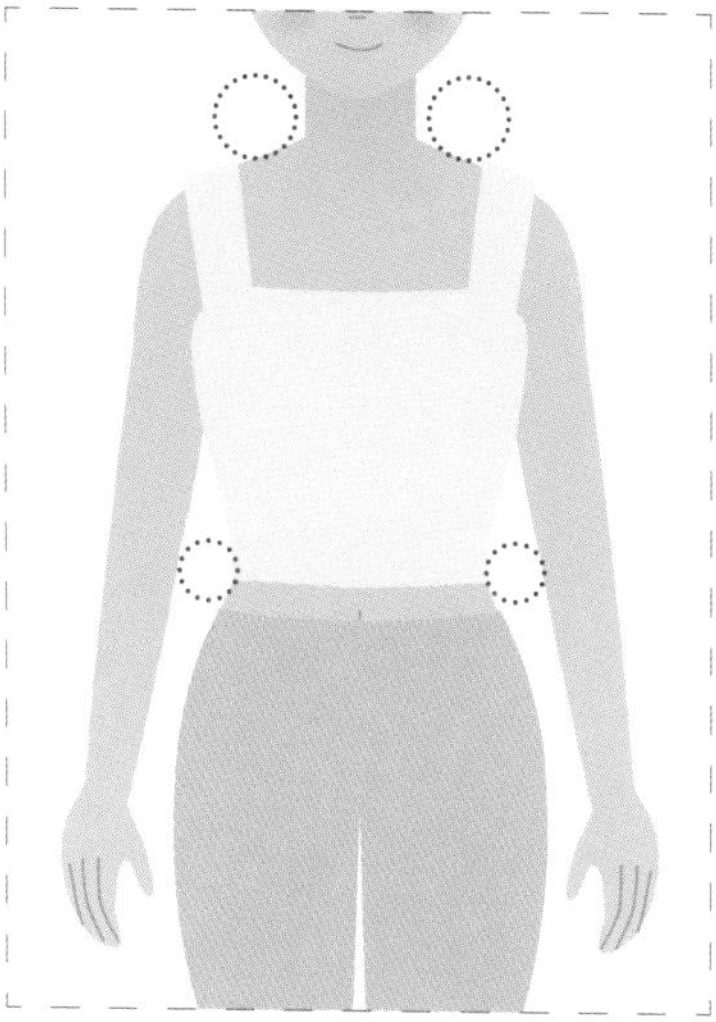

ろっ骨と筋肉にアプローチし、体のまわりに空間が生まれると、見た目スッキリ! 苦労して体重を減らす以上の見た目効果!

体が伸びると?

- ほおが引っ張られて小顔に
- 首が細く長くなる
- アンダーバストが細くなる
- ウエストにくびれができる
- 下腹が凹む
- 背すじが伸びる

Before

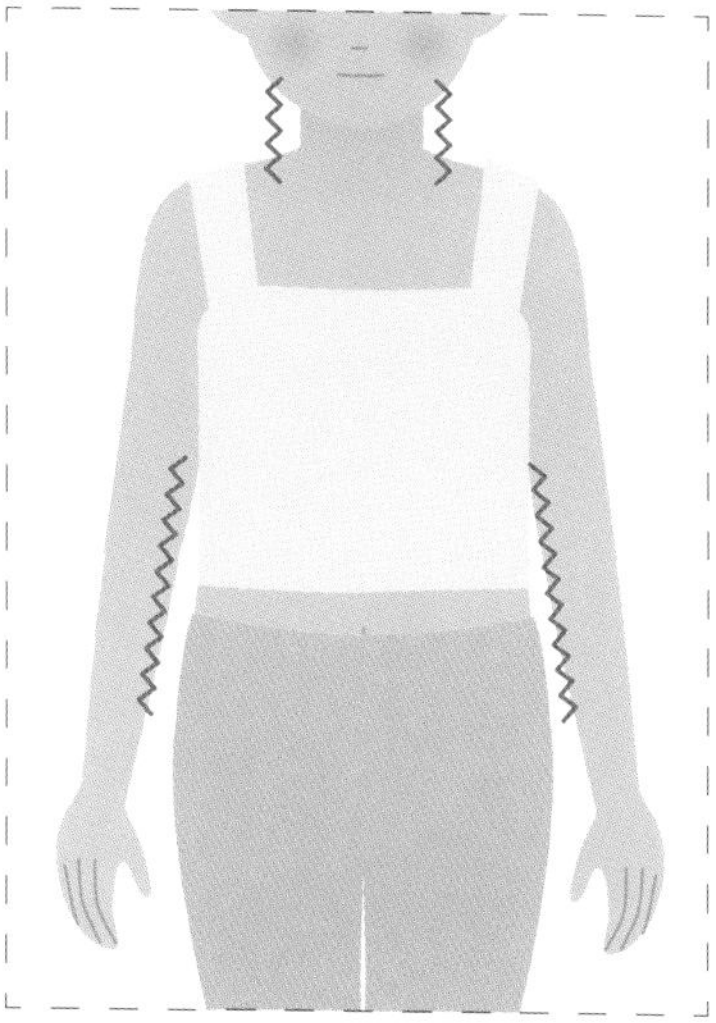

耳と肩の距離が短くなると首が短く見える。お腹に脂肪がたまれば段腹に! 背中ももったりして立派なオバさん体型に……。

重量で詰まると?

- 首が肩に埋もれて短くなる
- お腹が詰まってずん胴になる
- 腰に肉の浮き輪ができる
- 肩甲骨が埋もれる

リブトレでくびれができる理由3

むくみが解消される

太って見えるのはむくんでいただけかもしれない

体重はあまり変わっていないのに以前と比べて顔が大きくなった、二の腕が太くなった、ブラのはみ肉が気になりはじめたという人もいるでしょう。これは筋力が低下したせいで姿勢が悪化し、**ろっ骨がゆがみ、むくみが起きている**と考えていいでしょう。

ムキムキになるほど筋肉を鍛える必要はありませんが、最低限、きれいな串だんごの姿勢をキープできるだけの筋力は必要です。とはいえ、座っていることが多い現代の生活では姿勢をキープするだけの筋力さえ衰えがちです。これに輪をかけてリモートワークが進んだりステイホームが長引くことで、以前にも増して座っている時間が長くなった人も多いのではないでしょうか。このまま放っておくと体の衰えからは逃れられません。

座り仕事でむくんだ脚は横になれば自然に戻りますが、**骨格のゆがみが起こすむくみは放っておいても悪化していく一方なのです**。

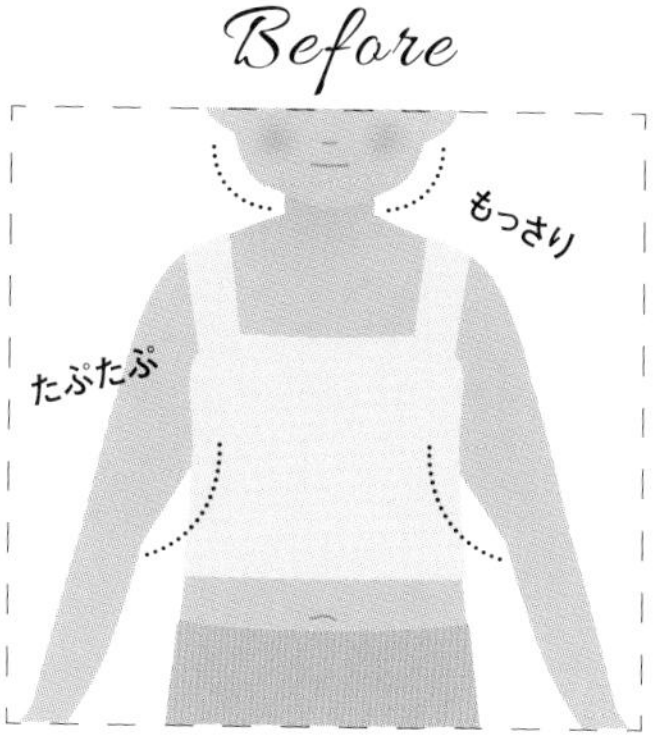
Before
もっさり
たぷたぷ

顔が大きくなった？　鎖骨が消えた？　二の腕が振袖になった？　わきが閉じられない？　放っておくとむくみが加速する可能性も！

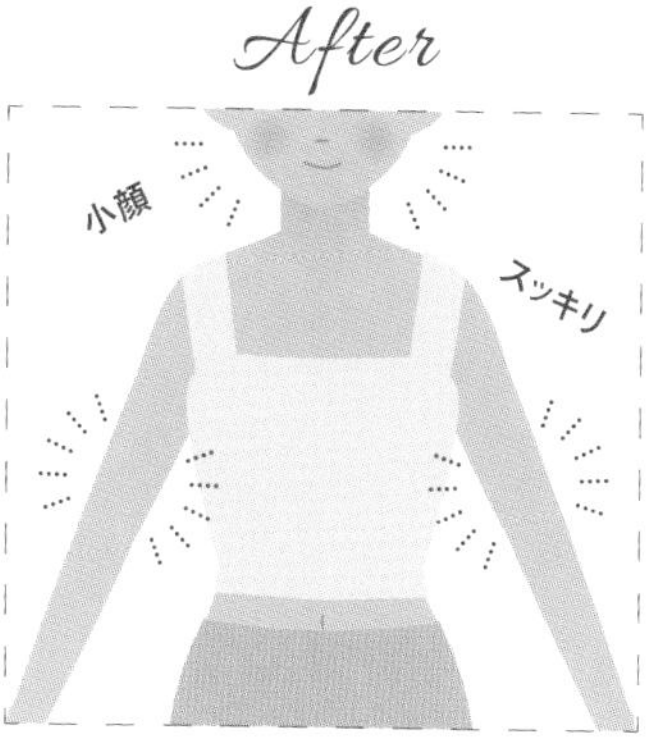
After
小顔
スッキリ

埋もれた鎖骨が浮き出て、顔から首にかけてのもっさり感が消滅！　わきから二の腕の邪魔なたるみもスッキリします。

骨格が変わって埋もれた鎖骨も浮き出てくる！

ろっ骨が矯正されると何が起きるか？

ろっ骨だけでなく、ろっ骨につながる骨も本来の居場所に戻るので、ゆがみによってせき止められていた血液とリンパ液の流れがよくなり、むくみが解消していきます。

筋肉の中にはたくさんの毛細血管があり、リンパ液も流れています。そのため、骨格がゆがんで筋肉がちぢこまると血液とリンパ液両方の流れが悪くなり、筋肉が水分で膨張してむくみます。

ちぢこまった筋肉をストレッチでほぐし、適度なトレーニングで動かすことは、筋肉中の水分の通りをよくすることにつながります。むくみが消えれば埋もれた鎖骨も浮き出てきますよ。

今すぐチェック！

あなたは美リブ？ それとも固《こ》リブ？

自分のろっ骨を知ることが〝ろっ骨美人〟への第一歩

今の自分のろっ骨の状態が気になってきましたか？　ここでは簡単にできるチェック方法を２つ用意しましたので、さっそく試してみてください。

写真と同じようにパパッとできれば〝美リブ〟保持者。とてもじゃないけど無理という人は残念ながら〝固リブ〟認定者です。もし固リブだったとしても落ち込むことはありません！　固リブの人ほどリブトレで大きく変われますから前向きに。「美リブ保持者だ！」と喜んだ人でも、座っている時間が長くなったり、スマホをさわり続けたりして体に負担をかけ続ければ、簡単に固リブになってしまう可能性があります。

美リブ保持者も固リブ認定者も、外出することが減れば、体を動かす時間が短くなって手元だけを動かすことが増えるので、油断は禁物です。リブトレで大いに上半身をほぐして、鍛えて、くびれのあるスタイルを作り、そしてキープしていきましょう！

Check 1

まっすぐ立ってバンザイ

手がスッと上がれば、立派な美リブ保持者！

部屋の角や、柱の角に、おしりの割れ目がハマるように立ち、背中と頭を角につけます。角に立つとおしりの厚みに関係なく姿勢をチェックできます。そして両手でバンザイをします。横から見たときに**耳の穴、肩、太ももの付け根の横に出っ張った部分（大転子《だいてんし》）、くるぶしの前が一直線になっていますか？　手がまっすぐ上がりますか？**

頭と背中が角についたときに、腰に手のひらを差し込める空間があるのが理想です。

頭がつかない、肩が前にある、腰の空間が広すぎるのは固リブの証拠。手が上がらないのは肩の関節と背中が硬くなっているからです。時々、チェックするといいですよ。

Check 2

座り姿勢からゆっくりと寝る

1

足を軽く開き、ひざを伸ばして床に座る。ひじを伸ばして手を前に出す。この形で座れない人もなるべく近づけてやってみて!

2

骨盤を床につけたまま、腰から少しずつ後ろに倒れていく。ももに力が入ってしまうのは腰に5個ある背骨が固まっているのが原因。

ろっ骨と背中、お腹をチェック!

ろっ骨と背中をまるめられるか、お腹の筋肉をちぢめられるかを確認するのが「ロールダウン」というチェックです。腰から胸に向かって上からローラーをかけられたような具合に、**背中の骨がひとつずつ床についていく感じがすればOKです。**

普段から背中を動かさずに、首や腰の動きに頼って上半身を動かした気になっている人が多いので、できなくて普通と思っていいくらいです。

背骨のなかでろっ骨がある部分を背中、ろっ骨と骨盤の間を腰と呼びますが、それぞれ、スムーズにできるところは柔らかく、動きがいいと判断します。**途中から一気に倒れこんでしまうのは、背中が鉄板のように硬いプレート状になっている**証拠ですよ。

3

ろっ骨と連動している背骨は12個。お腹をしっかりちぢめて骨が順に床についたら合格! 肩に力が入ったらちょっと怪しいかな。

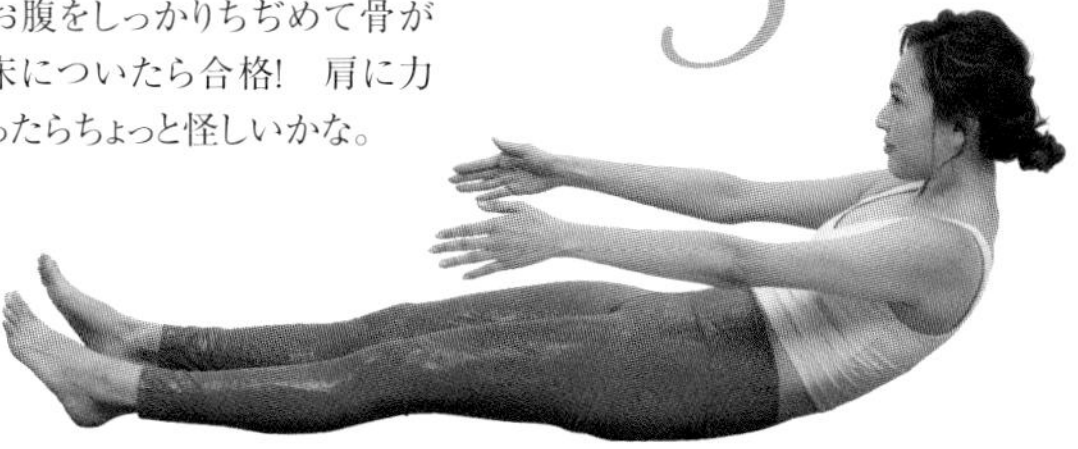

4

最後は首を静かに下ろす。スタートポジションからここまで10秒くらいかけてゆっくり、なめらかな動きでできたら、美リブさん確定!

やってみると案外、難しい

背骨は小さな骨が積み上がった構造で、ひとつずつバラバラに動くようにできています。でも、それが1枚の鉄板のように固まっていると、足が上がり、ももや肩に力が入ってしまうのです。ぎこちない動きになった人は固リブさんです。

固リブ認定

こうなったら固リブです!

ラック楽！ いつでもどこでもできる
リブトレ呼吸

ろっ骨は息をするたびに動いているはず

ろっ骨の状態がどうであれ、生きている人は誰でもろっ骨が動いています。逆に言えば、ろっ骨がまったく動かないと呼吸ができないので、生きてはいられません。

普段の活動をしているとき、例えば家の中を歩く、テレビを見る、食事をする程度の活動量でも、ろっ骨は無意識のうちに大きくなったり小さくなったりを自動的にくり返しています。さらに速く歩く、エクササイズをするなどで運動量が増加すると、肩を上下に大きく動かしたり、お腹や胸が広がるのがわかるほど激しく動いたりして、酸素をたくさん吸おうとすることがあると思います。

この自分でもわかるくらい**大げさな呼吸は、リブトレのエクササイズと同じ効果があります**。呼吸するだけでトレーニングになるなんて得した感じですが、効かせるにはコツがあります。誰でも正しくできる〝リブトレ呼吸〟をぜひとも習慣にしてください。

リブトレ呼吸

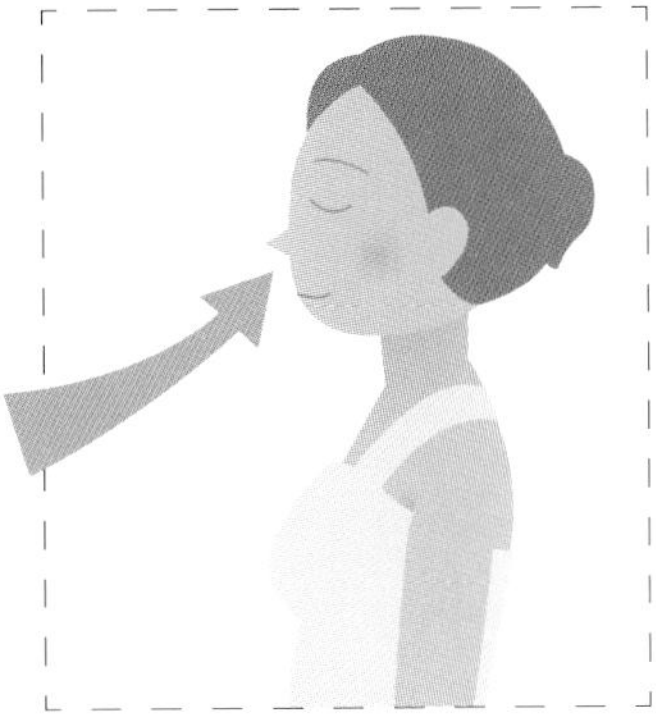

吸うときは、鼻から思い切り吸い込む。もう限界!というところまで深く! 鼻の穴が床と平行になるようにして吸うと、よりたくさん吸える。

吐くのは口から。「フゥー」と言うように口をすぼめるとお腹の動きを感じやすい。最後はお腹をぐーっと引っ込めて最後のひと息まで絞り出す。

鼻から思い切り吸い、口から限界まで吐き出す

呼吸がトレーニングになるのは運動量が増加したときのほか、意識して深く呼吸をするときです。無意識に呼吸しているときはろっ骨は大きく動いていません。

呼吸には胸式呼吸と腹式呼吸がありますが、細かなことは考えなくてかまいません。呼吸をするときにろっ骨まわりがふくらんだり、上下に動いていればそれが「リブトレ呼吸」になります。とにかく自分で「息を吸おう！ 息を吐こう！」と思えば無意識の呼吸では使わない筋肉が働き出します。

深く呼吸をするだけならその場で汗もかかずにできます。音楽を聴きながらでも動画を見ながらでも、電車やバスに乗っているときでもOK。気づいたらいつでもどこでも深い呼吸をしてください。気づくと美リブになっていますよ。

リブトレ呼吸のやり方

ろっ骨が動くことを実感しよう

手でさわるだけで、おもしろいようにできる！

「吸う・吐く」の基本がわかったら、今度は手でろっ骨をさわって「リブトレ呼吸」をしてみてください。バストの下、わき腹の少し上に手を当てると数本の骨が見つかります。ここがろっ骨の下部分です。**息が荒くなると肩が上下しますが、それはろっ骨の上部分の骨が上下に動いているから。下部分は横に広がります。**

手を置いて息を吸うと、下部にあるろっ骨が横方向にふくらむことがわかるはずです。骨が広がらない人は、体幹部分の筋肉が硬くなっているかも。

目一杯吸ったら、次は、すべて吐きます。まず横に広がっていたろっ骨がしぼみますが、まだまだ肺に空気が残っています。お腹が背中とくっつくくらいまでへこませて、腹筋をちぢめて最後の最後まで吐き出します。**これでろっ骨が引き締まってアンダーバストが細くなり、お腹までへこんでいきます**よ。

息をめいっぱい吸う

手をろっ骨の上に置き、鼻の穴が床と水平になっていることを確認して、ろっ骨が横にふくらんでお腹がパンパンになるまで鼻から息を吸う。

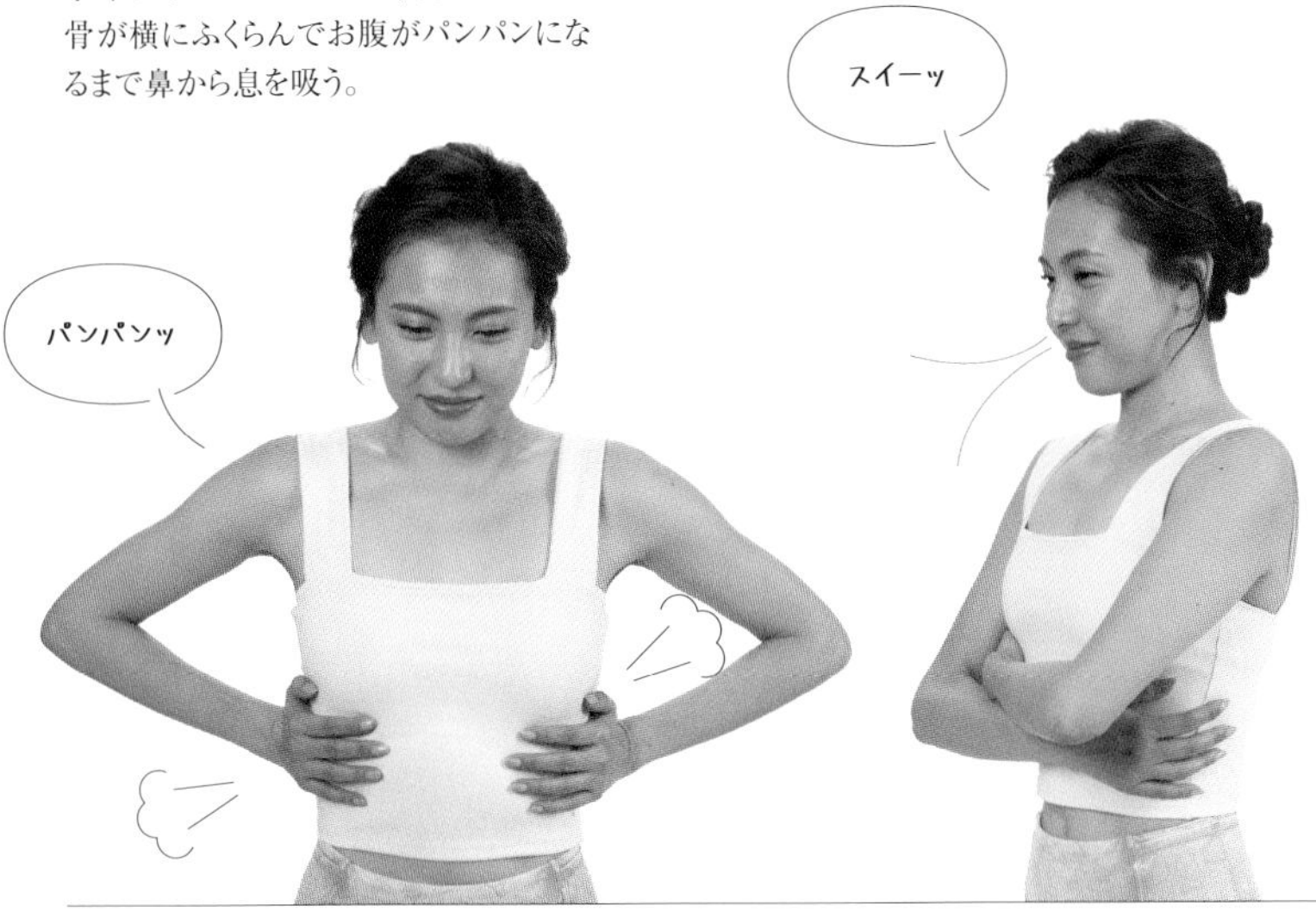

息をすべて吐き出す

口をすぼめて細く息を吐き出す。横にふくらんでいたろっ骨が元に戻ったら、腹筋を使って残りの空気を絞り出す。限界まで絞り出すと、お腹の奥で腹筋が硬くなっているはず。

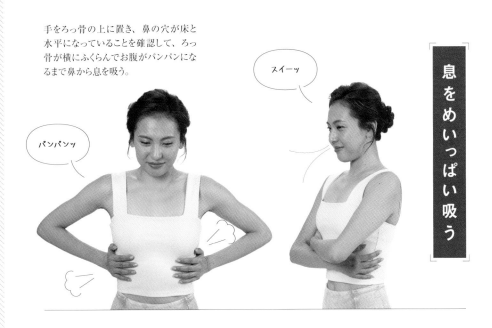

Rib Training Question & Answer

リブトレの素朴な疑問に答えます！

ボディメイクのお悩み Q&A

おうちでひとりエクササイズをしていると
「ちゃんとできてる?」「順番は合ってる?」
「効果、出てるかな……」など迷うことが多い。
スタジオやSNSでよく聞かれる
みんなの疑問を一挙に解決して、
一緒にやる気をアップしよう!

Q/1 1st weekから挫折しています。4週間やれば効果が出ますか?

リブトレ4週間プログラムの1st weekは、こり固まった首と胸、背中を動かしやすくするためのストレッチです。ここで挫折したと感じているなら、首とその周辺がコチコチに固まっているのでしょう。とりあえず1週間はできる範囲で1 ～ 5をくり返してください。

2週目からは全身を使うエクササイズも始まります。できそうなものはどんどんやってみてください。とはいえ、首まわりを自由に動かせるようになることも大切ですから、2nd week、3rd week、4th weekでも、気づいたときにしつこく1st weekのエクササイズをくり返すのがおすすめです。

Q/2 簡単そう! と思ったのに深い呼吸ができませんでした。どうしたらいいでしょうか?

浅い呼吸しかできない人はけっこういますから安心してください。鏡を見て、吸うときに鼻の穴が床と水平になっているか確認してください。上を向いていたり、下を向き過ぎていたりすると、空気の通り道がせまくなって息を吸いにくくなります。それでも吸いにくい場合は1st weekの1 ～ 5のエクササイズをくり返すと空気が体に入る感じがわかるようになって、空気が吸いやすくなると思います。

深い呼吸ができなくても順を追って2nd week以降の6 ～ 21のエクササイズを行って大丈夫です。この本の21個のエクササイズはすべて呼吸をしやすくすることと関係しているので、時々、試しに深い呼吸をしてみてください。プログラムが進むにつれて呼吸がしやすくなっていくはずです。

別の要因として体が硬いことも考えられますが、これも4週間プログラムを進めれば解決します。体が硬いと体も気持ちもリラックスできにくいのですが、硬いからしょうがない→リラックスできないまま→体は硬いままと悪循環になりがちなので、完ぺきにできなくてもかまいませんからリブトレを続けてみてください。

Q/3 リブトレをするとやせますか?

リブトレだけではやせません（笑）が、体の形は確実に変わって見た目がスッキリします。4週間プログラムの2nd weekまでをやり終えたころには、ボディラインの変化を実感できるはずです。

やせるというのは脂肪や筋肉が減った結果、体重が減るということです。リブトレは骨格矯正を目的とした、ストレッチと軽いトレーニングを組み合わせたエクササイズです。体重をコントロールするにはやはりカロリーコントロールが必要です。

「な〜んだ」とがっかりしましたか？　図星だとしたら、自分だけが知っている（黙っていれば他人にはわからない）体重を軽くするよりも、みんなに見られるボディラインを美しくすることが大事だと考えてはいかがでしょうか。

Q/4 リブトレには背中をまるめるエクササイズがありますが、ねこ背を直したい人は、背中をまるめるエクササイズは逆効果ですか?

ろっ骨をキュッと引き締めたいのに、背中を反らせたら逆にろっ骨が開いてしまうのではないか。ねこ背を直したいのに、背中をまるめたら今よりもっとねこ背になるんじゃないか。そのような心配をする人はとても多いです。

でも実際には、上半身の形に悪影響を及ぼしている反りやまるみとは、動かす場所が違いますから安心してください。

リブトレで本当に動かしたいのは胸からろっ骨の下部分までのゾーンです。普段の生活ではほとんど動かしていない背中を動かすことに意味があるので、写真や動画をよく見て行ってくださいね。

Q5 服はMサイズですが、体脂肪率が30%以上あります。脂肪を落とすにはどうしたらいいですか?

体脂肪率が低くなるほどスタイルがよくなると思い込んでいる人も多いのですが、それは間違っています。女性らしいまるみのあるボディを作るにはある程度の脂肪が必要ですし、バストが大きければ体脂肪率にも影響します。ムキムキになるまで鍛え抜けば体脂肪率は下がりますが、ウエストの横の筋肉まで大きくなってくびれがなくなってしまうこともあります。

体脂肪は体重と同じように数字が目で見られるので、気にする人が多いですね。女性の標準が24%と言われているので、スリム体型になりたい人は20～21%程度を目指しているかもしれません。しかし結論をいうと、あまり気にしなくていいと思います。私のスタジオに長く通っている人で、筋肉もついてスタイルもよくなっているのに、初回から今まで体脂肪率がずっと30%で変化していない人もいます。理由はわからないのですが、スタジオで使っているプロ用の体脂肪計でもこういう数字が出るので、家庭用の体脂肪計ではおそらくもっとアバウトなはず。

どうしても気になるなら、毎朝、起きたらすぐに測るなどして、増減の変化を把握するツールとして捉えてはいかがでしょうか。

Q6 長く座っているのがよくないそうですが、どうやって座るのがベストですか?

理想を言えば1時間に1回は、立ち上がってストレッチをしたり、少し歩いたりするのがいいですね。座るとき、お腹がぐにゃっと曲がるのが最悪です。イスやソファ、床であぐらをかくなど、座るときはいつでもどこでも最低限、お腹を縦に伸ばして骨盤を立てることを意識するといいですね。はじめは辛くても、慣れてくるとお腹を伸ばしたほうが体がラクになるはずです。

デスクワークなどで長時間座りっぱなしになる場合は、せめて気づいたときに首と胸、腕を動かすストレッチや、深い呼吸をすると多少はリセットできます。

Q/7 食事制限で3kgやせたのですが、胸がなくなって下半身は太いままです……

3kgの減量に成功したのはすごいですね。立派です! ただ残念なことに、食事制限で体重が減ったときにウエストだけがくびれたり、太ももだけが細くなったりすることはありません。おそらく胸がボリュームダウンしたことが目立つだけで、全身から少しずつ脂肪が消えたのだと思います。あるいは運動をまったくしていなければ、筋肉が減って体重が落ちたとも考えられます。

しつこいようですが、体重がどれだけ減っても、ねこ背やストレートネックは治らないし、狙ったところをピンポイントで細くすることも不可能です。形を変えたいなら体の土台である骨に注目すべきです。

Q/8 サウナで汗をかいてもやせないのは本当ですか?

自分で体を動かし、体温を上げて汗をかいた場合は、細胞の代謝が上がりますので、脂肪を燃やす効果があります。しかし、サウナのように外からの熱で汗をかいた場合は、体は体温を下げようとしているので、逆に代謝が下がります。サウナで汗をかいたとしても、それは水分が体から出ただけです。

サウナで代謝アップを狙うなら、汗をかいたあとに必ず水風呂に入ること。そして再びサウナに入って汗をかき、また水風呂に入る。交互にくり返すとその温度変化の過酷さによって、エネルギーが使われます。しかしながら、サウナと水風呂だけで体重をコントロールできるとは考えにくいと思います。

私も好きでサウナにはよく入りますが、目的はリラックスするためです。

Q/9 ジムでマシントレーニングをしていますが効果がなかなか出ません

私のスタジオにもマシンはありますが、マシンはろっ骨をはじめとする骨がちゃんと動くようになってから使ってもらいます。手が上がりにくいとか、肩まわりが硬い、背中が動かせない状態でマシンを使っても、効果が出ないばかりか、体を傷めてしまうこともあります。

マシンは正しく使えていなくても力技で動かせてしまうこともありますし、マシンを動かすコツがわかるとトレーニングできているような気になってしまうのです。数か月も続けているのに効果が出ていない気がするなら、おそらく体がマシンで効果を得られる状態にないか、効果的な動かし方をしていないのかもしれません。

リブトレでろっ骨とその周辺の骨が動かせるようになると、マシントレーニングの効果も上がると思います。

Rib training
maxim

**腰を反らせて胸を張った姿勢は
正しい姿勢ではなく
きれいに見せるための姿勢**

――――写真を撮るときに瞬間的に腰を反らせるのは、まあOK。
ただし、日常的に腰を反らせていると
腰に負担がかかるだけでなく、
背中の動きが鈍って固リブへ一直線です。

Chapter 2

おうちで簡単くびれ作り

リブトレ
4週間プログラム

おうちで簡単くびれ作り

リブトレ4週間プログラムを実践しよう

くびれたうえにヨガ、ピラティス、ダンスも上達！

だまされたと思ってリブトレを4週間やってみてください。

このプログラムは、**簡単なストレッチから始まって、ろっ骨が徐々に動き出し、ろっ骨の状態が美しくまとまると、最終的には骨盤までアプローチする**ようになっています。

私はこれまで、あらゆる年代の女性のボディメイクをお手伝いしてきました。そこで心配しているのは、腕が上がらない、深く息を吸えない、肩がまわせない、背中をピクリとも動かせないといった、固リブの持ち主が本当に多いということです。

ヨガやピラティス、ダンス、スポーツの経験者だったとしても同じです。ろっ骨があるべきところに収まり、思い通りに体を動かせる人はほとんどいないのです。だからこそ、さまざまなエクササイズやダンス、スポーツをするにも、ろっ骨が整うだけで、これまで難しい、わからない、疲れると思っていた活動のレベルがぐっと上がるのでおすすめです。

おうちで簡単くびれ作り

リブトレ
4週間プログラムの進め方

START!

1st week

ろっ骨が
動き出して
呼吸がしやすくなる
超基本のストレッチ

2nd week

ろっ骨のゆがみが
解消する
ろっ骨を動かす
特訓!

3rd week

美しく整った
上半身がキープできる
必要最低限の
筋肉をキープ!

4th week

ろっ骨から
骨盤にアプローチして
くびれゲット!
ダンス感覚で
筋肉を総仕上げ

GOAL!

4週間毎日行う。2日休んだらふりだしへ

結果を出すには毎日やっていただきたいのですが、体調が悪い、疲れすぎて動けないなどの場合、1、2日休むのはよしとします。ただし、3日連続休んだら体がスタート時の状態に戻ってしまうので、1st weekから再スタートするのがおすすめです。

できない日はせめて〝リブトレ呼吸〟を

各週で紹介しているエクササイズは、すべて通して1日分で、5分程度でできるようになっています。それでもどうしてもできないときは38〜41ページで紹介した〝リブトレ呼吸〟だけでも行ってください。お風呂でもテレビを見ながらでもできますよ。

4週間プログラムを完了したら

どうしても普段の動作でろっ骨が傾いたり開いたりしがちなので、ボディラインをキープするためにも、エクササイズを続けるのが理想です。

苦手なエクササイズを集中的にやるのも効果的。1st weekからやり直すのも、4th weekを毎日やるのもいいですね。

ろっ骨美人だけが知っている
秘密の骨のおはなし

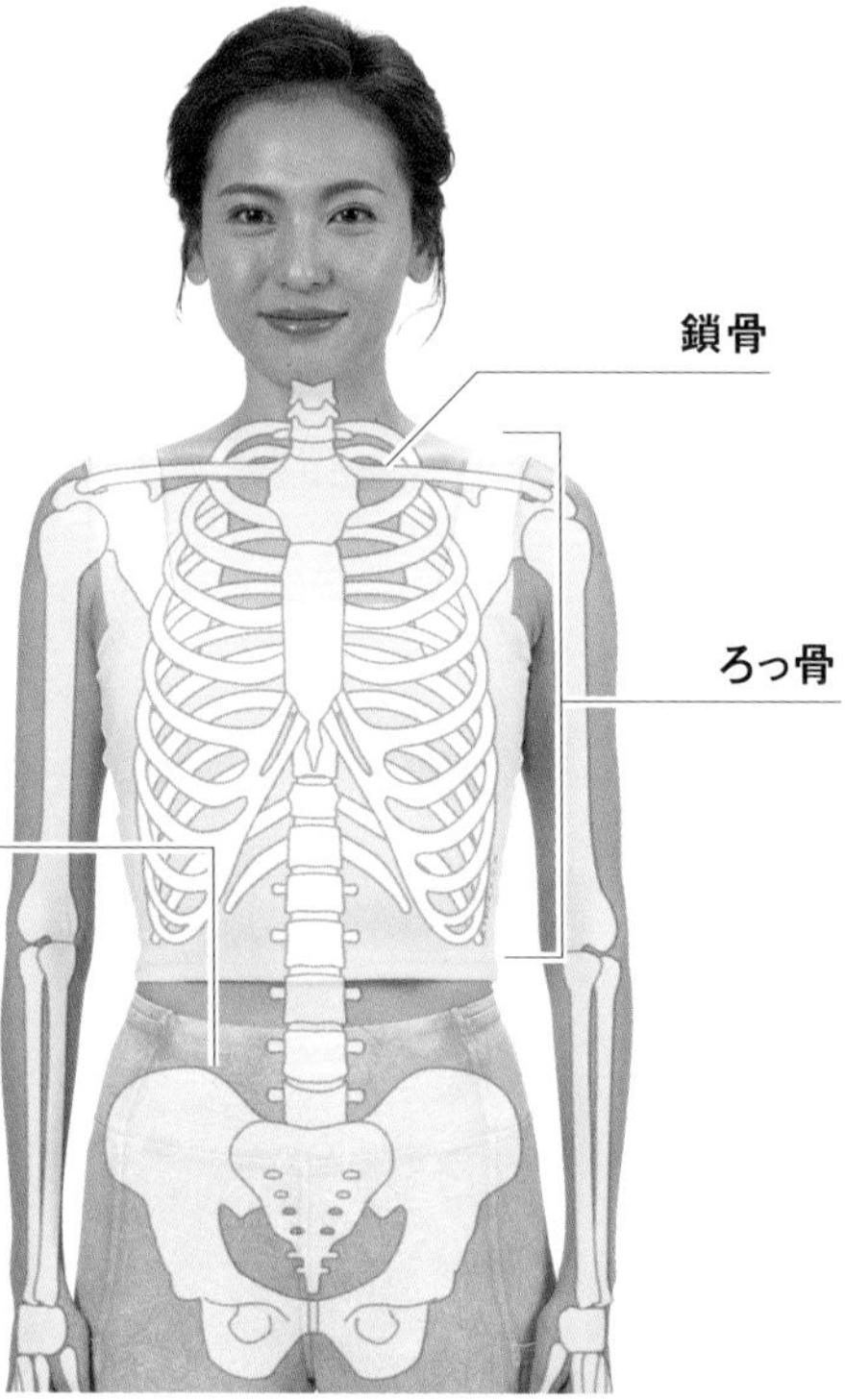

骨盤

下半身の要。上半身の柱となっている背骨は骨盤内の尾骨までつながっています。骨盤エクササイズをしてもあまり効果が出ないなら、ろっ骨に問題がある可能性もあります。

骨格のしくみを頭に入れておこう

骨の話というと、気持ち悪いとか面倒だと感じるかもしれませんが、しくみやつながりがわかるとエクササイズの意味がよく理解でき、確実に効果が上がりますよ。

あらゆる骨と骨は関節でつながっています。接着剤やクギのようなもので固定されているわけではなく、使い方に応じて自由に動くゆとりがあります。だから**硬くなった関節でも、くり返し曲げ伸ばしして動かせば、柔らかくなってくるのです**。

関節を曲げ伸ばしして骨を動かしているのは筋肉です。筋肉が伸びちぢみ

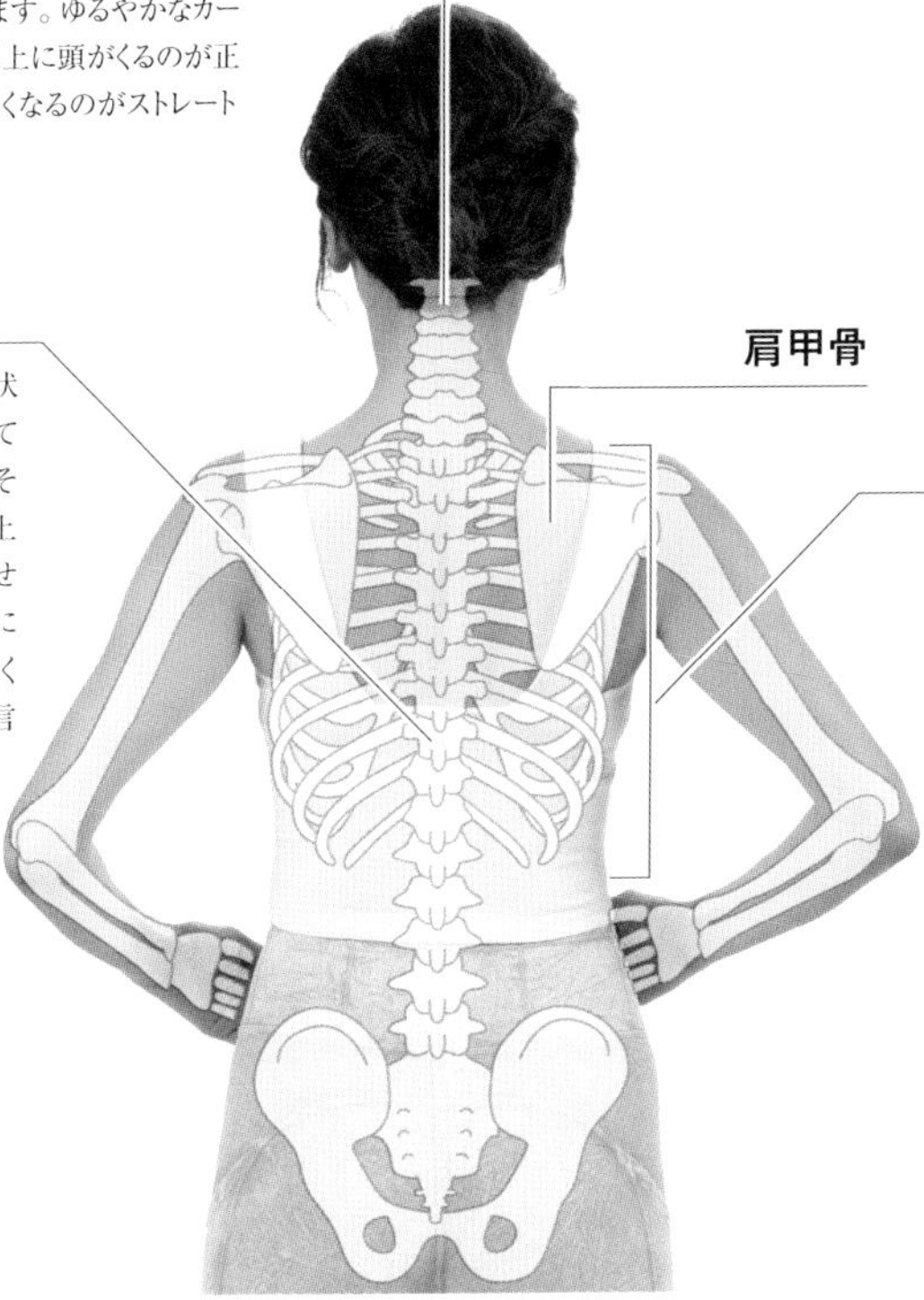

首

首は、背骨の一部である7個の骨が積み重なってできています。ゆるやかなカーブがあり、骨盤の真上に頭がくるのが正しい形。カーブがなくなるのがストレートネックです。

背骨

椎骨《ついこつ》というブロック状の骨が積み重なっている上半身の軸。その構造のおかげで上半身を自由に動かせるのですが、自由に動かせる分、悪いくせがつきやすいとも言えます。

肩甲骨

ろっ骨

背骨のうち12個から左右に12対のろっ骨が出ています。心臓と肺を守るための重要な入れ物で、カゴのような形をしています。ろっ骨1本1本の骨と骨の間は、筋肉がつないでいます。

することで関節は動きます。

　筋肉が硬くちぢこまっているというのは筋肉がちぢんだっきりになっていて伸びにくいということです。筋肉が硬くなっていれば関節を大きく動かすことができず、自由に動かせるはずの関節が不自然なところで固定されてしまうこともあります。頑固なねこ背や巻き肩になると、その形で筋肉が形状記憶されているので骨がびくともしないのです。

　ですから**骨を自由に動かすためにはまずストレッチで筋肉をほぐす**こと。そしてほぐれて動かしやすくなったところで筋肉の形が正しくキープできる**力をつけるためにトレーニング**することが必要になります。

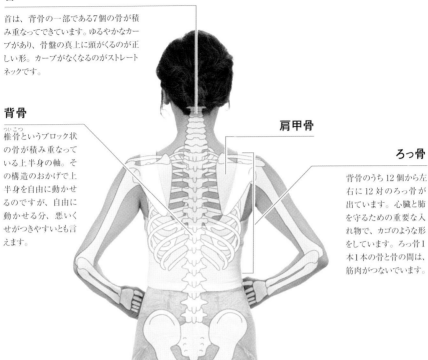

おうちで簡単くびれ作り

リブトレ

4週間プログラム

1st week

目標

ろっ骨が動き出して
呼吸がしやすくなる

Column - 01

深い呼吸ができていますか？

日常的に、呼吸が浅いと感じている人は多いと思います。デスクワークやおうちでくつろぐときには、とくに息苦しいわけでもなく、なんら問題を感じることはないでしょう。しかし、それが常態化すると、肺が大きくふくらむ機会がなくなり、ろっ骨の可動域が狭くなってしまいます。

息を吸ったり吐いたりするときには大なり小なりろっ骨が動きますが、骨が自力で動くわけではありません。筋肉が骨を動かしているのです。そのためろっ骨を動かす筋肉のどれかが硬くなっていたり、ちぢこまっていたり、骨を動かす力が弱くなっていれば、深く呼吸することはできないのです。

とくに体幹の筋肉が硬くなっていると、呼吸が浅くなりやすいことがわかっています。呼吸が浅いと筋肉が緊張しやすくなり、体がこわばるとリラックスできず、メンタルに影響が及ぶこともあります。深呼吸でリラックスしてください。たっぷりと酸素を吸うためにもリブトレが欠かせません。

https://diamond.jp/go/pb/rib/#01

Rib Training 1st week

1日5分でするのはこれ!

1st weekは

呼吸をしやすくすることに集中!

1 ちぢまった首の前側をほぐす

……▼

2 頭を支える筋肉を鍛える

P60

1

首の前側ストレッチ

ん〜
すごくのびる〜

P61

2

首の前側エクササイズ

首の骨が
ポキポキ鳴ることも!

3 ちぢこまった首の後ろ側を2ステップでしっかりほぐす
…▼
4 ろっ骨の前傾をほぐしてたくさん空気を吸えるようにする
…▼
5 ろっ骨の後ろ側をほぐしてもっとたくさん空気を吸えるようにする

P62
3

首の後ろのエクササイズ

首の後ろってこんなにのびますか!?

P64
4

壁押しストレッチ

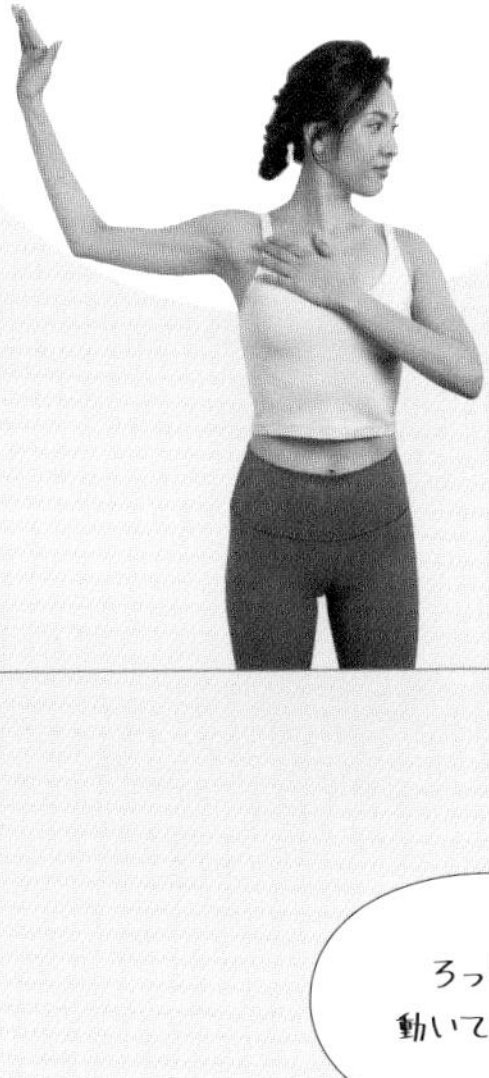
バストが上がりそう!

P66
5

片手バンザイエクササイズ

ろっ骨が動いています

Rib Training 1st week

1

肩に埋もれた首を掘り起こす

首の前側のストレッチ

前かがみの姿勢を続けていると首が肩に埋もれてしまいます。
首の前側をストレッチしてすらりとした首を発掘しましょう。

息を吸う
右へ
左鎖骨の内側を押さえる

STEP 1

鎖骨の内側に手を置いて頭を傾ける

左の鎖骨の内側に両手を重ねて置く。頭を右へ倒す。首の前側の筋肉が伸びていればOK。

息を吐く
上へ
吐ききったら吸って、
再び吐く
下あごを
引き上げる
30秒
キープする
※逆側も同様に

STEP 2

あごを上げる

筋肉が伸びるのを感じた場所であごを上げる。鎖骨内側に置いた手で筋肉をしっかりと押さえ、皮膚を引き下げる。

狙うのはココ！

耳の下と鎖骨の内側をつなぐ**胸鎖乳突筋**がちぢこまると首が短くなるのでここをしっかり伸ばす。

Takuro's Voice

これも立派な筋トレです

Rib Training 1st week

2

スラリと長い首をキープするために

首の前側のエクササイズ

前側の筋肉を鍛えていつでも首をスラリと長くキープしましょう。
首から鎖骨にかけて美しいラインも手に入ります。

息を吸う

STEP 1

首の前側を伸ばす

右ページで首の前側をストレッチしたときと同じように首を伸ばす。ナナメ後ろに振り向くイメージ。

息を吐く

STEP 2

首の前側をちぢめる

伸ばしたら、ナナメ下方向に筋肉をちぢめる。このとき、後ろの筋肉は伸びる。あごを鎖骨に近づけるように動かす。

狙うのはココ！

意識するのは**胸鎖乳突筋**。ストレッチでほぐした筋肉をエクササイズで鍛える。

STEP 1.2を1セットとして

10回くり返す
※逆側も同様に

Rib Training 1st week

3

首を後ろ側からも掘り起こす

首の後ろのエクササイズ

慢性的に肩がこるのは、首の後ろ側にある筋力が弱いせいで無意識に肩が上がっているのも原因のひとつ。首の後ろ側の筋肉を強化して肩が上がったり、前にせり出すのを防ごう。

まずは首をちぢめる

息を吸う

5秒キープする

Side shoot

頭を肩に向かってナナメ後ろに倒し、肩をせり上げる。

STEP 1

首と肩を近づける

肩を下げる感覚をつかむために、顔と肩を近づけて筋肉をちぢめる。

息を吐く

STEP 2

一気に脱力して
ストンと肩を落とす

ちぢめた筋肉を伸ばすと自然と肩が下がる。これが本来あるべき肩の場所。

狙うのはココ！

頭の付け根と肩甲骨の上の角をつないでいるのが**肩甲挙筋**。肩を上げることがクセになっているとココがちぢこまって硬くなる。

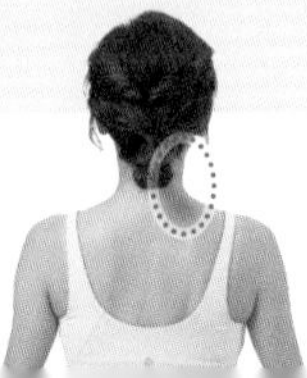

3回くり返す

STEP 1.2を1セットとして

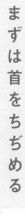

Takuro's Voice

首の後ろ側を手でぎゅーっと伸ばそう

次に首を伸ばす

息を吸う

STEP3

左手を頭、右手は腰にまわす

右肩を下げるために手を後ろにまわす。

息を吐く

吐ききったら吸って、再び吐く

STEP4

左手で頭をナナメ前に倒す

頭をナナメ前に倒す。頭に置いた手と、右肩をしっかり下げて筋肉を十分に伸ばす。

30秒キープする

※逆側も1～4を同様に行う

4

筋肉をゆるめて呼吸を深くする

壁押しストレッチ

スマホやパソコンを長時間使ったり、重たい荷物を持って歩くと前かがみの姿勢になりがち。胸の筋肉が縮んだ状態で固まると呼吸が浅くなって不調の原因にもつながる。

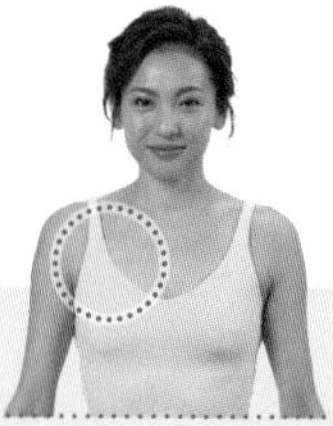

狙うのはココ！

胸から腕の付け根にある**大胸筋**。大胸筋がちぢこまると鎖骨やろっ骨の動きにも影響が出る。

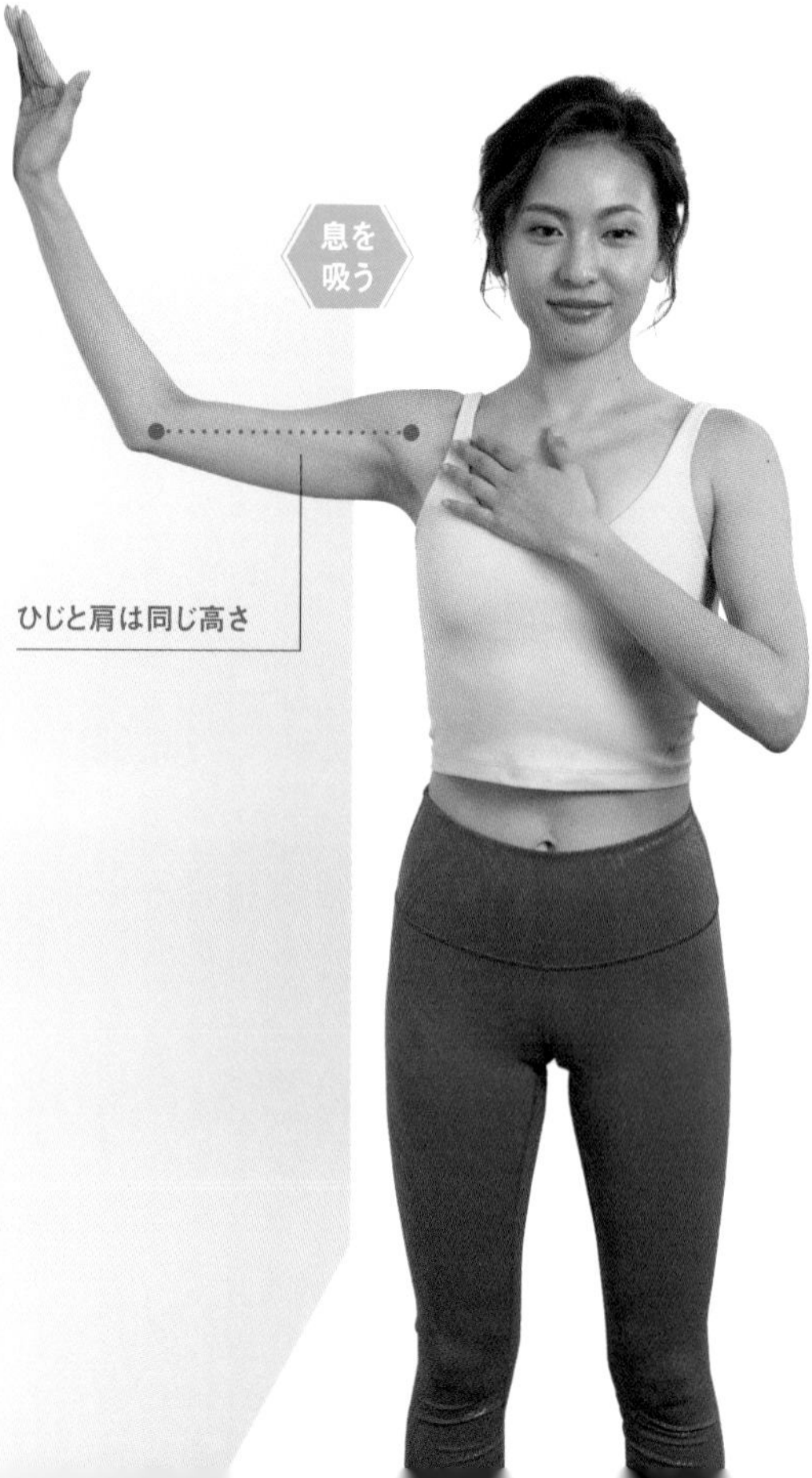

Zoom up

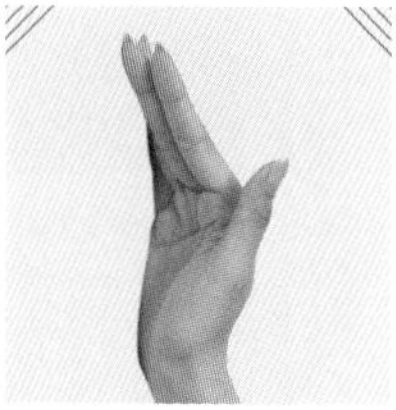

親指は壁につけないようにする

STEP 1

壁に手をつき、逆の手で腕の付け根を押さえる

足を肩幅に開いて壁に平行に立ち、ひじを曲げた時に肩とひじが同じ高さになるようにする。手は小指が壁についていればOK。逆の手は鎖骨の下に置く。

Takuro's Voice

胸が開いてデコルテがきれいになります

NG

親指を壁に密着させると、肩が前に出てしまいやすいので注意。

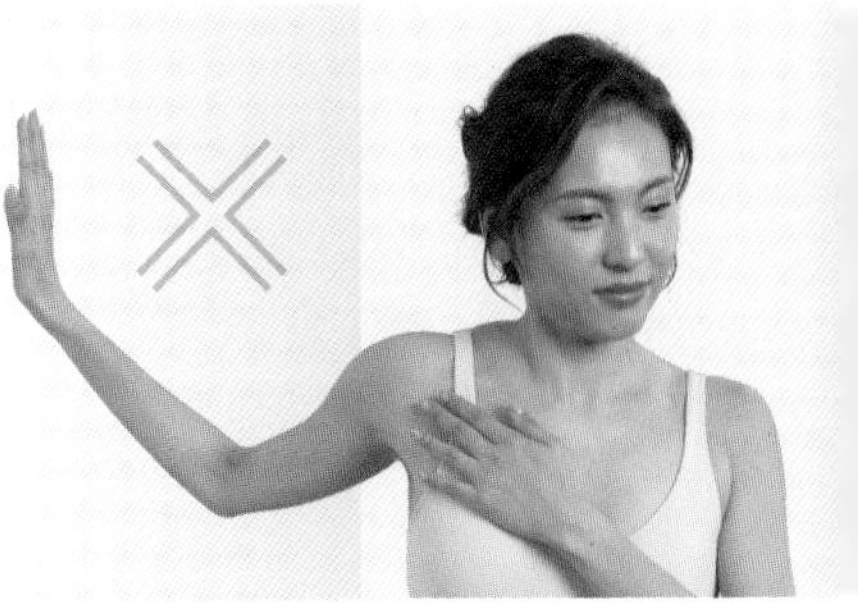

STEP 2

肩を後ろに引いて、胸を前に突き出して胸の筋肉をほぐす

足を動かさずに肩を後ろに引きつつ、鎖骨の下においた手で皮膚を引っ張りながら胸を前に出す。肩の内側から胸が伸びているのを感じる。

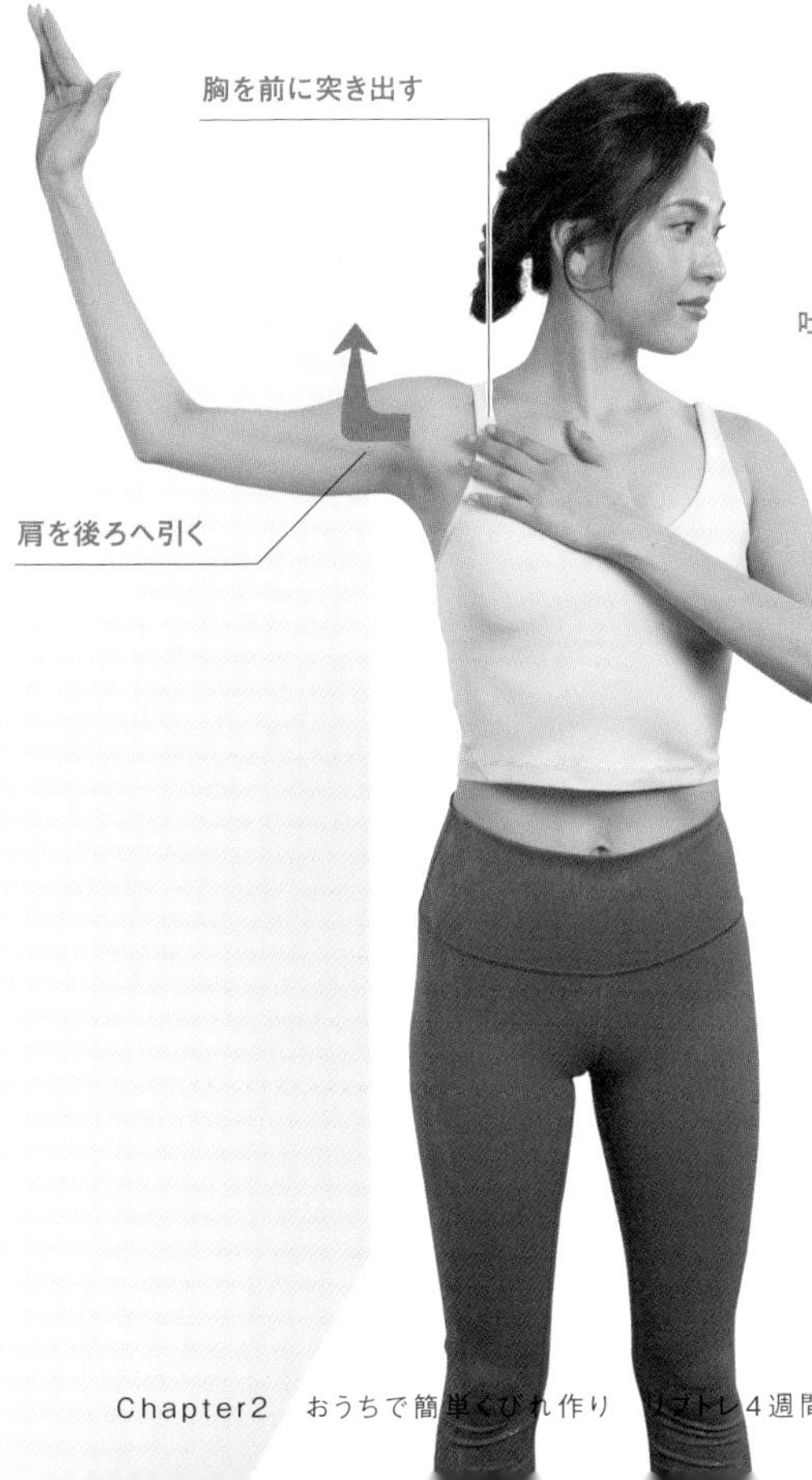

息を吐く

吐ききったら吸って、再び吐く

30秒キープする

※逆側も同様に

Rib Training 1st week

5

もっと深く呼吸できるようになる

片手バンザイエクササイズ

息を吸うときろっ骨の上部はタテに開き、ろっ骨の下部は横に開く。ろっ骨の下部を開きやすくするのがこのエクササイズ。深く呼吸できるようになると酸素が十分に吸えるので体にいいのはもちろん、リラックス効果もある。

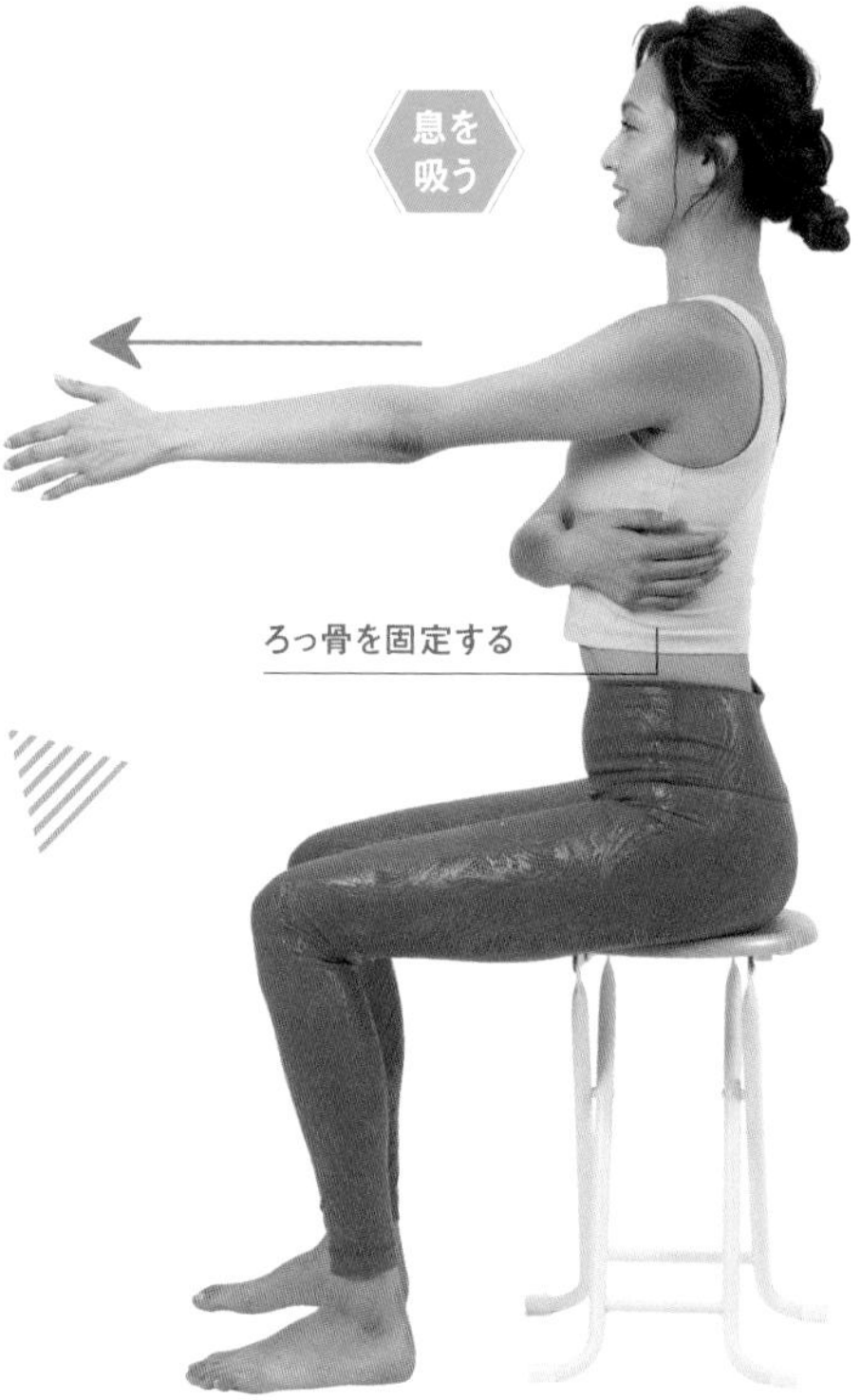

STEP 1

右手をろっ骨に置き、左手を前に出す

イスに座るか、まっすぐに立った状態で行う。右手でろっ骨をしっかりとつかんで体がねじれないようにする。

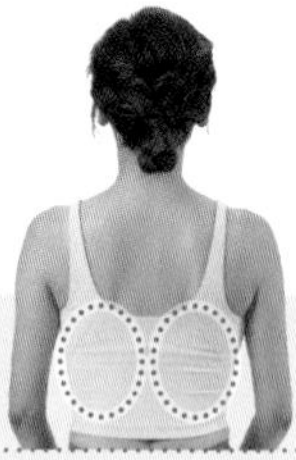

狙うのはココ！

ろっ骨の間をうめるようについているのが**下《か》後《こう》鋸《きょ》筋《きん》**。この筋肉がろっ骨を横に開き、深い呼吸を可能に。下後鋸筋が強化されればろっ骨の下側が閉じてアンダーバストが細くなる。

Takuro's Voice

アンダーバストも細くなります！

STEP 2

手を上に

伸ばした腕が前、上、後ろとスムーズに移動するように大きく動かす。

※10回くり返したら逆側も同様に

2秒キープして手を前に戻す

STEP 3

肩を下げながら左手を後ろに引く

手のひらが上になるようにしてナナメ後ろに移動したら、肩を下げて左手を後ろに引く。この時、ろっ骨を押さえる力が6、手を後ろに引く力が4のバランスになるようにする。

おうちで簡単くびれ作り

リブトレ

4週間プログラム

2nd week

目標

ろっ骨のゆがみが
解消する

Column - 02

お腹と背中でぎゅっとはさんでろっ骨を安定させよう

ろっ骨を支えているのは、お腹と背中の筋肉です。ろっ骨の前側と後ろ側、両方からピシッと締めることが必要なのです。ところが、それがうまくいっていません。

前側はというと、スマホやタブレット、パソコンを使うとき、買い物帰りに重い荷物を持つときなど、前かがみになりやすく、お腹がゆるみがちな人が多いようです。

後ろ側で大事なのは背中なのですが、私が知る限り、ほとんどの人が背中を反ることを忘れて、首と腰だけで胴体を動かしています。そのため、背中の筋肉が弱くなっているのです。背中とは、首の下、腰の上、すなわちろっ骨の後ろ側の部分です。

お腹と背中の筋肉がちゃんとあるべきところにあればろっ骨の形も傾きも安定しやすいので、ここでは背中を反らす、お腹をちぢめるエクササイズをしていただきます。お腹と背中をサポートしてくれるわき腹も鍛えていきます。

https://diamond.jp/go/pb/rib/#02

Rib Training 2nd week

1日5分でするのはこれ!

2nd weekは

ろっ骨をしっかり使います

6 背中をタテとヨコにまるめる……

▼

7 背中をヨコにスライドする

P72 6

背中まるめストレッチ

背中って動きにくいのね!

P74 7

背中スライド

わきが伸びて気持ちいい

8 肩の動きと連動して
ろっ骨を動かす
▼
9 わき腹を伸ばして
ろっ骨とろっ骨の間を開く
▼
10 首とろっ骨も連動させる

P76

8

横になって肩まわし

ちょっと
肩が
痛いかも……

P78

9

わき腹のばし

わき腹って
盲点でした!!

P80

10

あご引き
エクササイズ

すんごい二重あご!
誰も見てないから
いっか(笑)

ろっ骨の下をすぼめてくびれを作る

背中まるめストレッチ

ろっ骨の動きをよくしてくびれをつくるには背中側からのアプローチが欠かせない。
肩甲骨が前にスライドすればろっ骨の下部がすぼまってアンダーバストから
お腹にかけて美しいカーブが生まれます。

STEP 1

左手で右足をつかむ

体の前を通って手をクロスさせるようにして、右足を外側からつかむ。ひざは深く折り曲げてよいので、体が硬くても大丈夫。

Zoom up

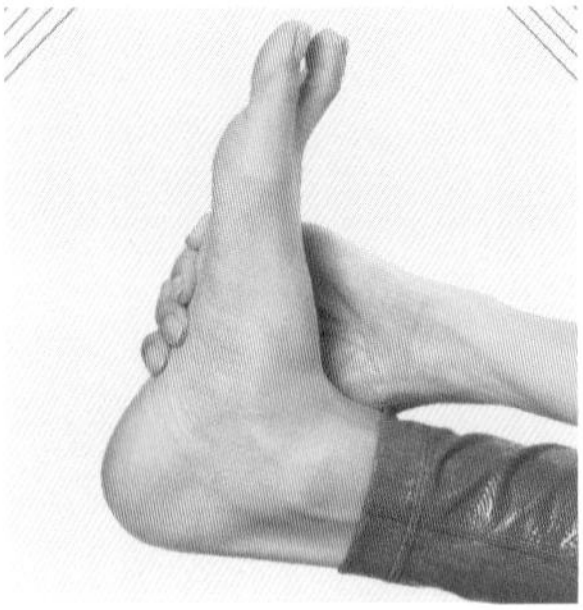

手で外側からしっかりつかむ。

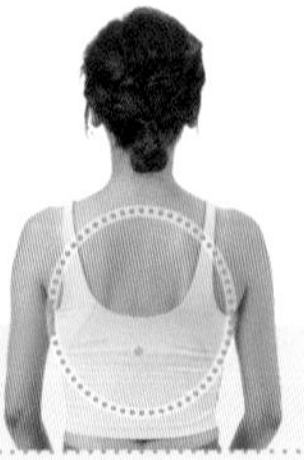

狙うのはココ！

背中に薄く広がる**広背筋**と、首と肩をつなぐ**菱形筋**をほぐすと背中をまるめる・反るが自在にできるようになる。

Takuro's Voice

手を前に出して肩甲骨が動くのを感じて！

STEP2

足を上げて前に押し出し、まるめた背中と引っ張り合う

ひざを曲げたまま足を上げて背中をまるめる。背中はタテ方向とヨコ方向にまるめるのがポイント。手が前に引っ張られるときに、肩甲骨が前にスライドするのを感じよう。足を押し出す力が4、背中がまるまる力が6のバランスで行う。

front shoot

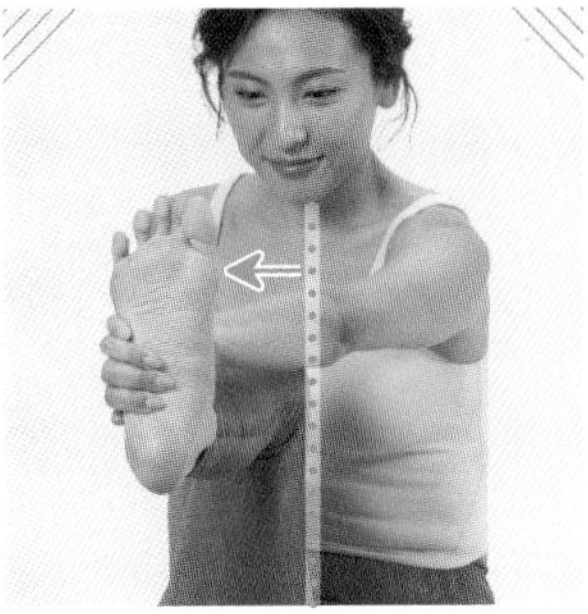

足は体の軸から少し外側

肩を下げる
背中がまるまる力 6
息を吐く
吐ききったら吸って、再び吐く
足を押し出す力 4

30秒キープする

※逆側も同様に

ひざが伸びる、肩が上がるのはNG

NG

手をまっすぐ前に引っ張りたいのでひざを必ず曲げる。肩が上がると肩甲骨が前にスライドしない。

7

ブラのはみ肉がすっきり!

背中スライド

ブラの上にわき肉や背肉がのるのは、わきと背中の筋肉が弱っているところに脂肪がのっているから。わき～背中にかけてしっかりストレッチすればろっ骨の動きも筋肉の動きもよくなります。

息を吸う

Zoom up

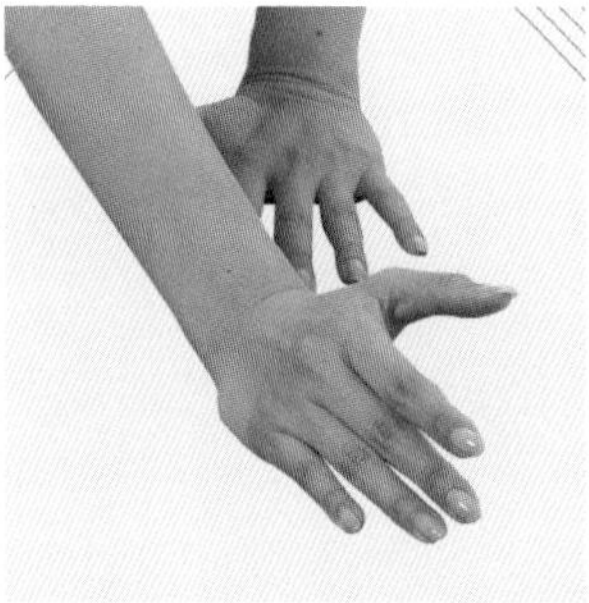

手の小指側が床につけばOK。

STEP 1

右腕を伸ばしてナナメ前に置く

ひざをついてよつばいになり、右手を左ナナメ前に置く。

Side shoot

狙うのはココ!

肩の下から胴体の側面にある筋肉を意識する。

Takuro's Voice

わきと背中でもたついていた肉がぐわーっと伸びる

STEP2

上体を外側にスライドさせる

ひざと手の位置を動かさず、頭が右腕の下に潜り込むようにして上体を横にスライドする。

Side shoot

横にスライドして
腕の付け根から
背中を伸ばす

30秒
キープする
※逆側も同様に

息を
吐く

吐ききったら吸って、
再び吐く

NG

頭が腕の上になったらNG

Rib Training 2nd week

8

きれいなデコルテを作る

横になって肩まわし

デコルテがたるんだり、デコルテの面積が小さく詰まった感じになるのは
肩の筋肉がちぢこまっているのが原因。
手が上がらずバンザイできない人は要注意です!

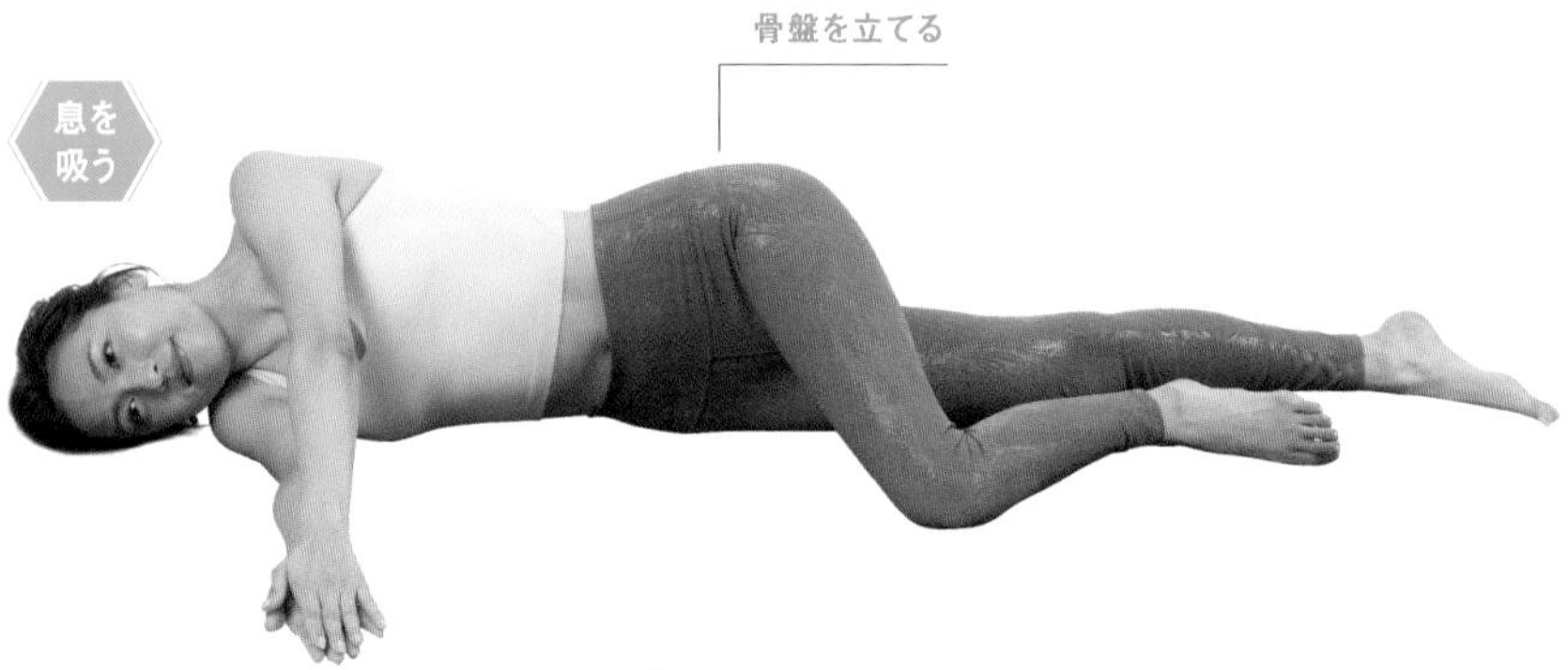

STEP 1

骨盤を立てて ヨコ向きに寝る

体の側面を下にして、骨盤が床に対して垂直になるようにする。上になった脚のひざを床につける。両手は肩の高さで真横に出す。

Takuro's Voice

立ってやるよりもしっかり肩をまわせます

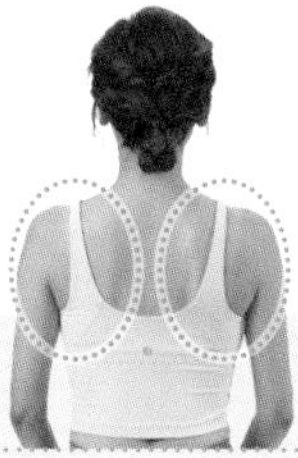

狙うのはココ！

動きのよい鎖骨と**肩甲骨**が、ピンと張ったデコルテのキモ。

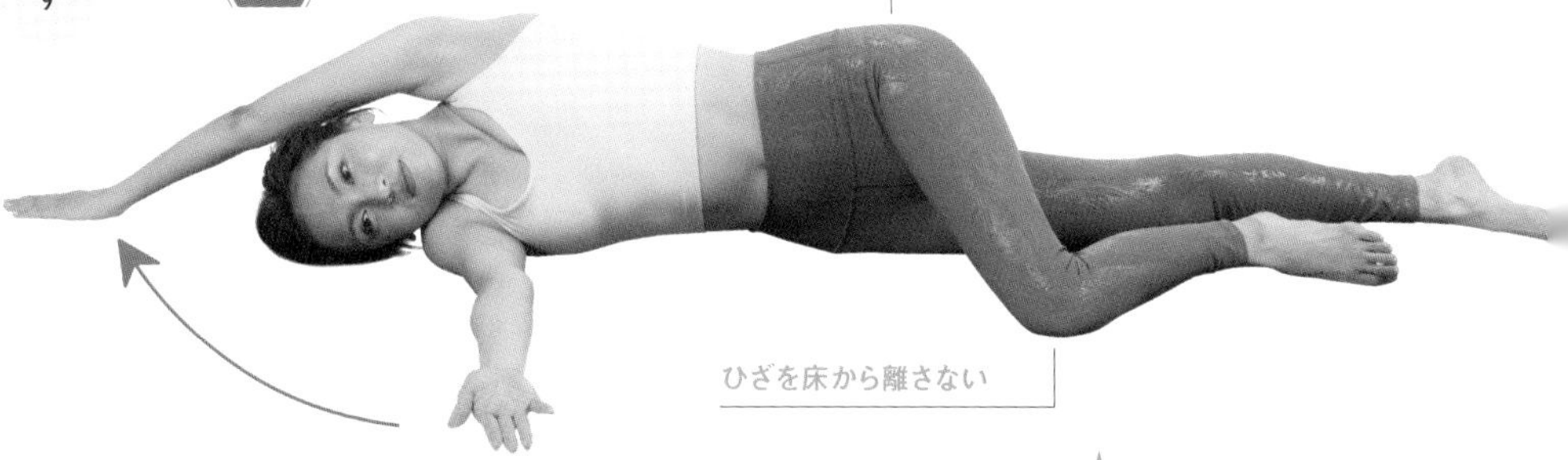

STEP 2

指先で床をこすりながら手を頭の上まで移動する

上になっている手で床をこするようにして頭の上に向かって動かす。骨盤は立てたまま、ひざが床から浮かないように注意する。余裕でできる人は腕が耳の後ろまでいくように動かして。手で床をこすりながらSTEP1に戻る。

2秒キープして手を前に戻す

※10回くり返したら逆側も同様に

Rib Training 2nd week

9

お腹をタテに伸ばしてたるませない！

わき腹のばし

ろっ骨と骨盤の間がくびれれば引き締まったウエストに、ムダなお肉がつけば浮き輪ができる……。背骨の近くにある筋肉をタテにのばせばたるみを解消できる。

STEP 1

正座する

理想的なスタートポジションは正座。ここから少しずつわき腹を伸ばしていく。

正座ができない人は
イスに座って行う

息を
吸う

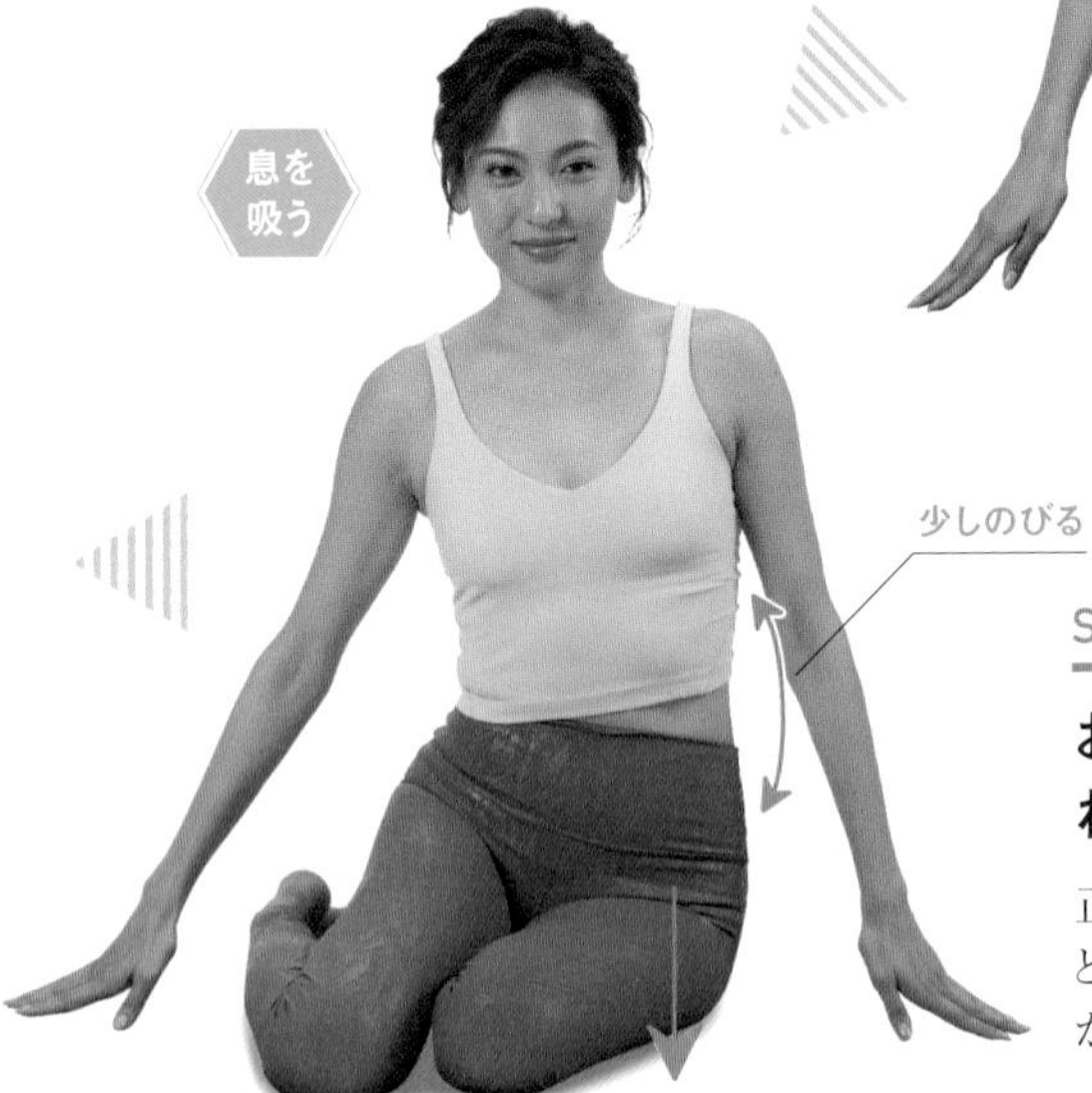

STEP 2

おしりを落として
わき腹を少し伸ばす

正座した状態から横におしりを落とすとわき腹が少し伸びる。これが第一段階。

狙うのはココ！

背骨を支えるようにタテ方向にある筋肉のひとつが**腰方形筋**。骨盤を前傾させてろっ骨を下方向に引っ張っている。反り腰の人はココが緊張しやすい。

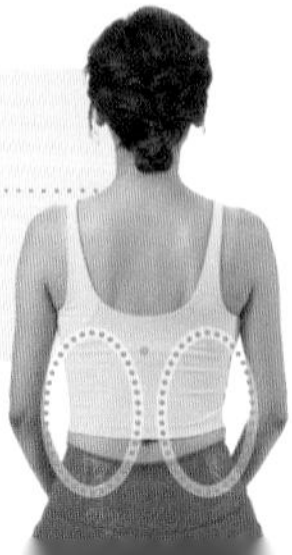

Takuro's Voice

わき腹をスルーしてはいけません

息を吐く
吐ききったら吸って、再び吐く
ぐーっと大きくのびる
30秒キープする
※逆側も同様に
ちぢむ

STEP3

手を上げて わき腹を大きく伸ばす

左腕を伸ばして体を真横に倒し、腕～わき腹を弓状にするとさっきよりももっとわき腹が伸びる。逆側のわき腹はぎゅーっとちぢませる。右手は床につけて体を支える。

首のたるみをなくして小顔に！

あご引きエクササイズ

首のうしろの自然なカーブがなくなっているストレートネックや、
肩とあごが前に出やすいねこ背でいると首の前側がたるんで二重あごになりやすい。
首のＳ字カーブを取り戻せばスッキリ小顔になれます。

STEP 1

まっすぐ前を向く

背中を伸ばし、肩を下げて前を向く。

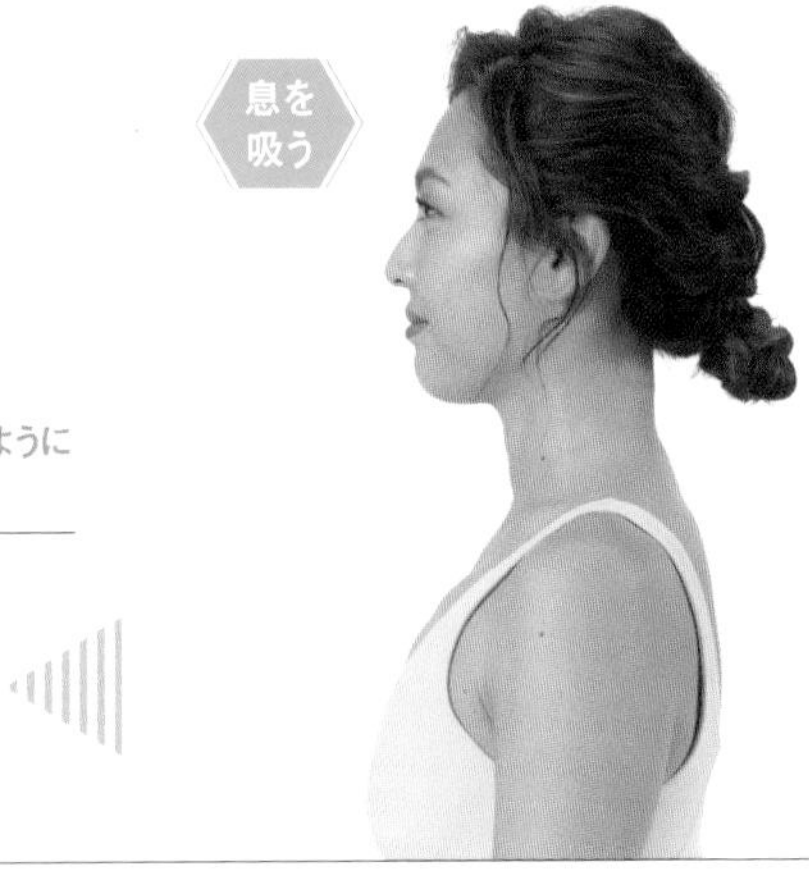

STEP 2

あごを引いて二重あごにする

できるところまであごを引く。ほぼ全員が二重あごになるはず。

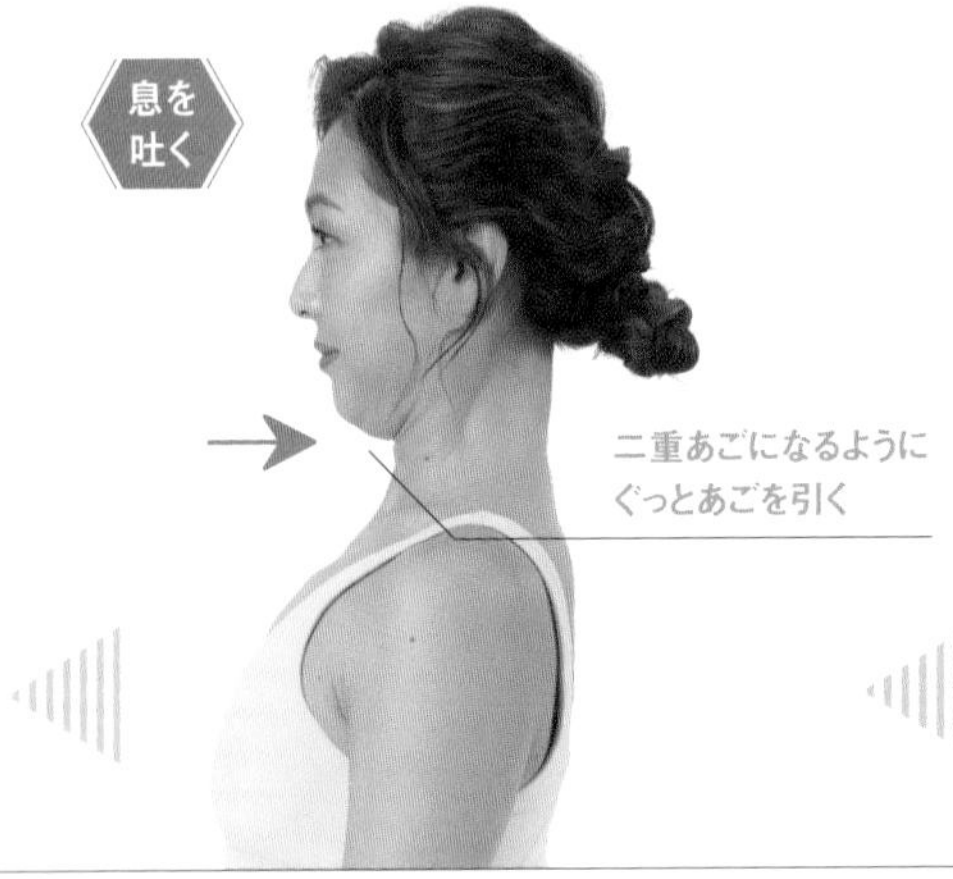

狙うのはココ！

首にもＳ字のカーブがあるのが本来の姿。このカーブがなくなるとあごが前に出たり、首が肩に埋まったりして首まわりの空間がなくなる。

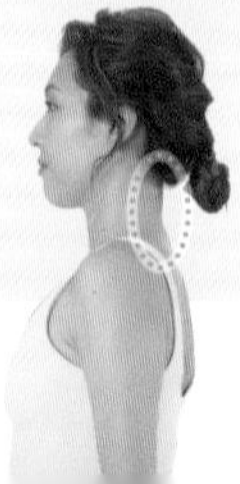

Takuro's Voice

二重あごを恐れずにやろう!

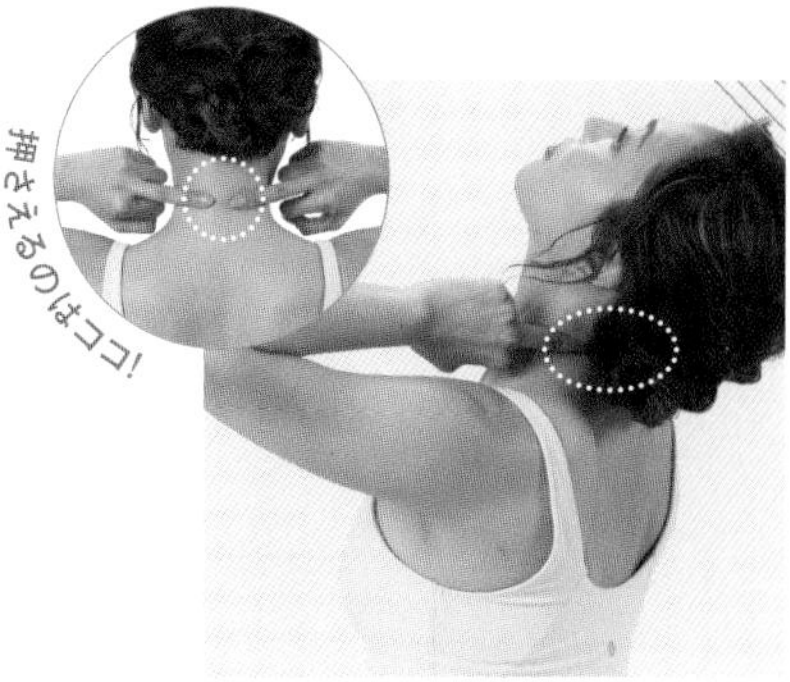

上を向きにくい人は首の後ろを指で押さえるとgood

STEP3

首の後ろをちぢめながら上を向く

首の後ろをちぢめ、前側を伸ばすように上を向く。

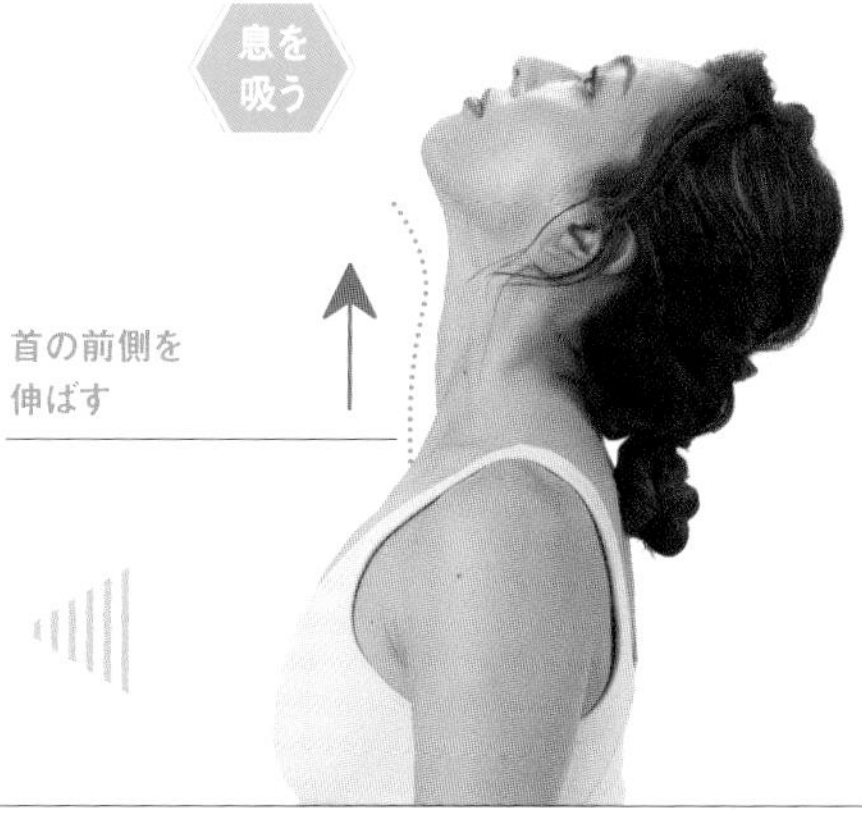

STEP4

あごを引きながら前を向く

あごを引きながら前を向き、再び二重あごにする。力を抜いてSTEP1に戻る。

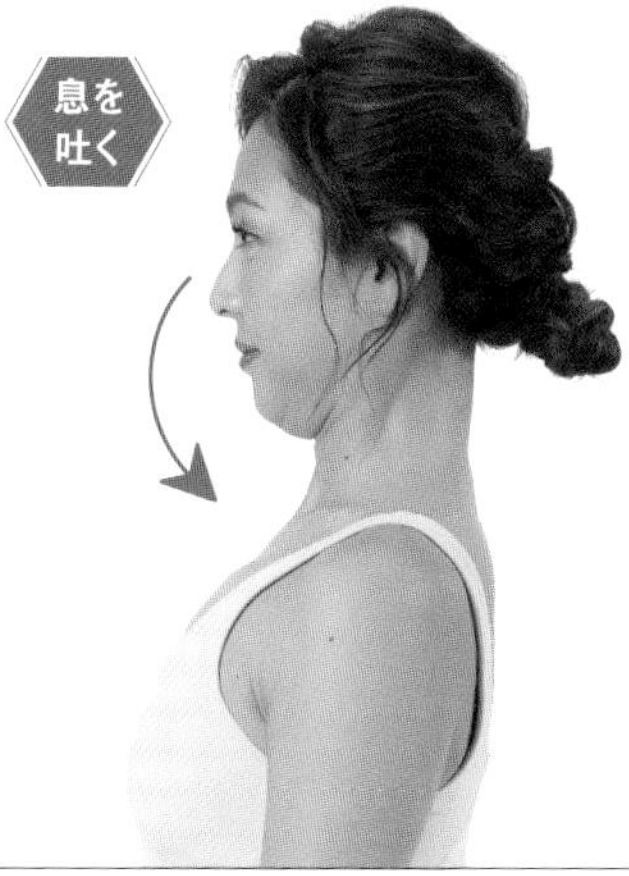

STEP1に戻って

10回くり返す

NG

体ごと後ろに倒れるのはNG

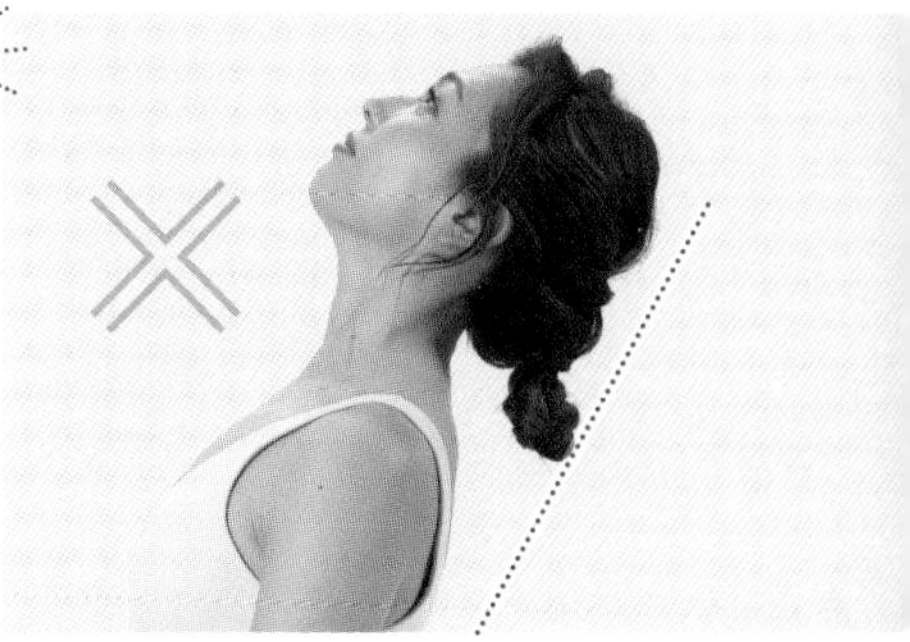

おうちで簡単くびれ作り

リブトレ

4週間プログラム

3rd week

目標

上半身が
美しく整う

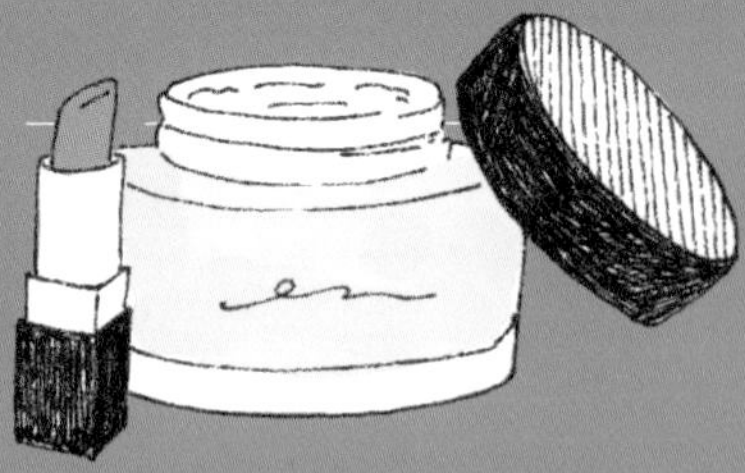

Column - 03

ストレッチとトレーニングは何がどう違う?

簡単にいうと、ストレッチは硬くちぢこまった筋肉を伸ばしてほぐすこと、トレーニングは筋肉を鍛えて筋力を上げることです。「おうちで簡単くびれ作り　リブトレ4週間プログラム」では、最初の2週間ではストレッチを多くして、後半2週間ではトレーニングを中心にするという順序で組み立ててあります。そして、このプログラムの順序には明確な理由があります。

体の使い方のくせによっては、筋肉が硬くなっているため、急にトレーニングをするとちぢむ力で骨を引っ張り続け、骨をゆがめてしまいかねません。これではいくらがんばっても逆効果といえるでしょう。そのため、まずはストレッチで筋肉をゆるめて骨のゆがみを解放してから、必要な筋肉を正しく鍛えることが大切です。遠まわりのようでも、そのほうが確実に効果が上がります。

https://diamond.jp/go/pb/rib/#03

Rib Training 3rd week

1日5分でするのはこれ！

3rd weekは

1st week ～ 2nd weekでストレッチした
筋肉をトレーニング！

11
12
背中を反らせる

▼

13
もっと背中を動かす

P86 11

手を横にして
背中反らし

腰じゃなくて
背中で反る！

P88 12

手を前にして
背中反らし

これも背中を意識！
腰で反らないように……

P90 13

エアで
ボートこぎ

ボートこぎの
感じだよね

P92

14

エアでボール抱きストレッチ

肩甲骨が
前にくるのがわかる！

P93

15

よつばいで背中まるめ

まるめて
反る感覚が
わかってきた！

P94

16

ひざ立ち腹筋[タテ]

寝なくても
腹筋ができるなんて
びっくり

P96

17

ひざ立ち腹筋[ナナメ]

ウエストの
くびれに期待!!

14 もういっちょ背中を動かす……▼
15 よつばいで背中をさらに動かす……▼
16 17 腹筋を使ってろっ骨を矯正する

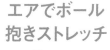

Rib Training 3rd week

背中からウエストのラインをきれいにする

手を横にして背中反らし

カットソー１枚になったとき、背中のぷよ肉が気になる?
後ろ姿をシュッとさせる背中反らしで引き締まった後ろ姿を手にして。

Zoom up

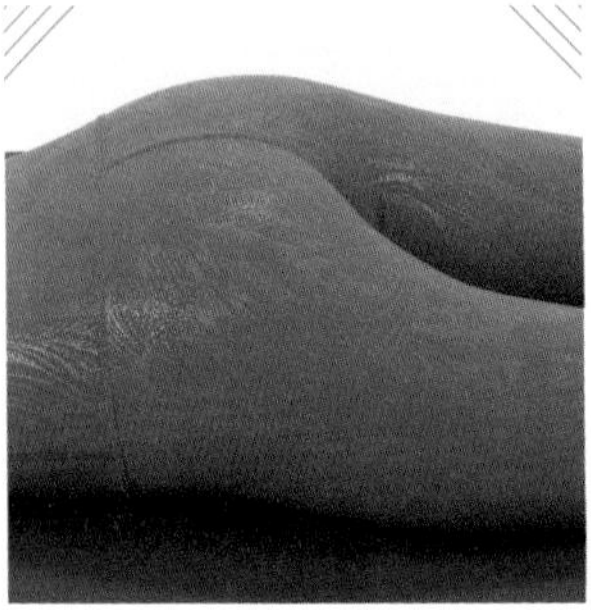

スタートポジションでは
おしりの力を抜く

STEP 1

片手を横に出す

うつ伏せに寝て左手を横に出す。
足を軽く開くと体が安定する。

息を吸う

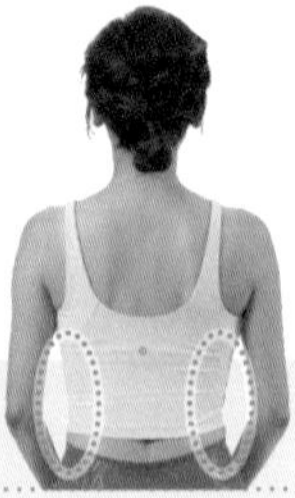

狙うのはココ!

背中〜ウエストまでつながるラインのムダ肉を削ぎ落とす。

Takuro's Voice

手が5㎝しか上がらなくても背中が動けばOK！

Zoom up

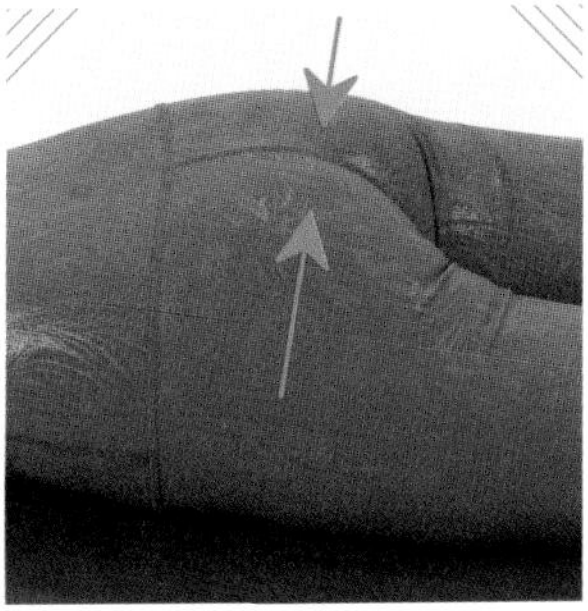

恥骨をぐっと前に出して
おしりを締める

10回
くり返す

※逆側も同様に

STEP2

手を上げて 背中を反らす

骨盤を床につけたままにして手を上げて背中を反らせる。腰を反らせないように注意！　右手を顔の横に置いて、右手で床を押して起き上がってもOK。

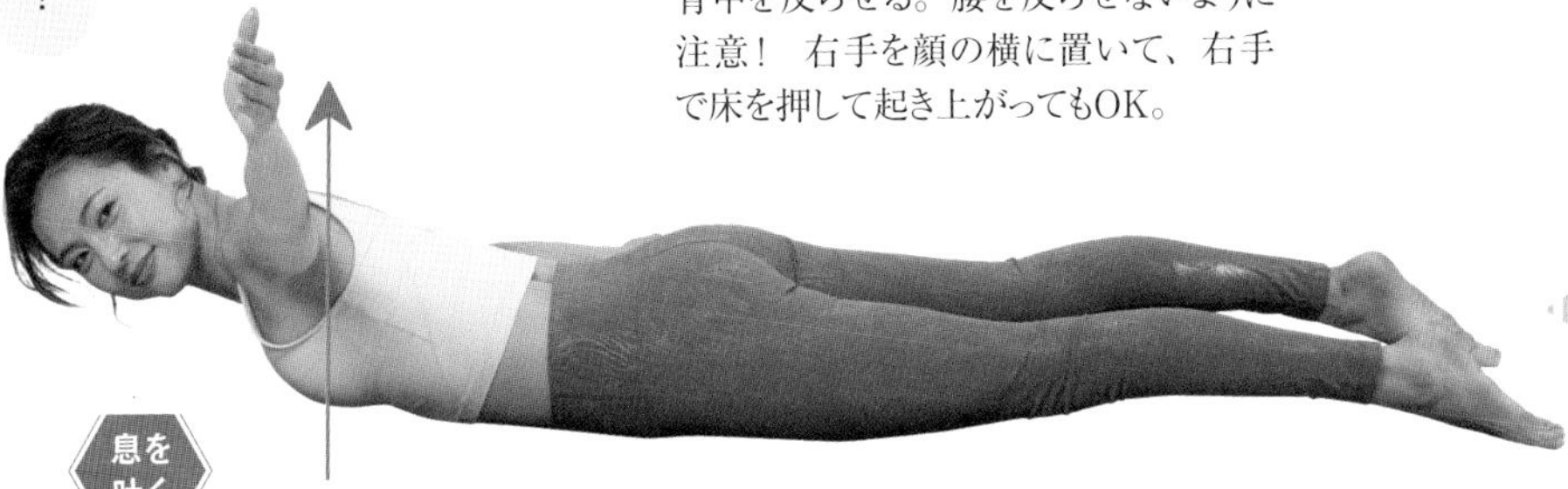

息を
吐く

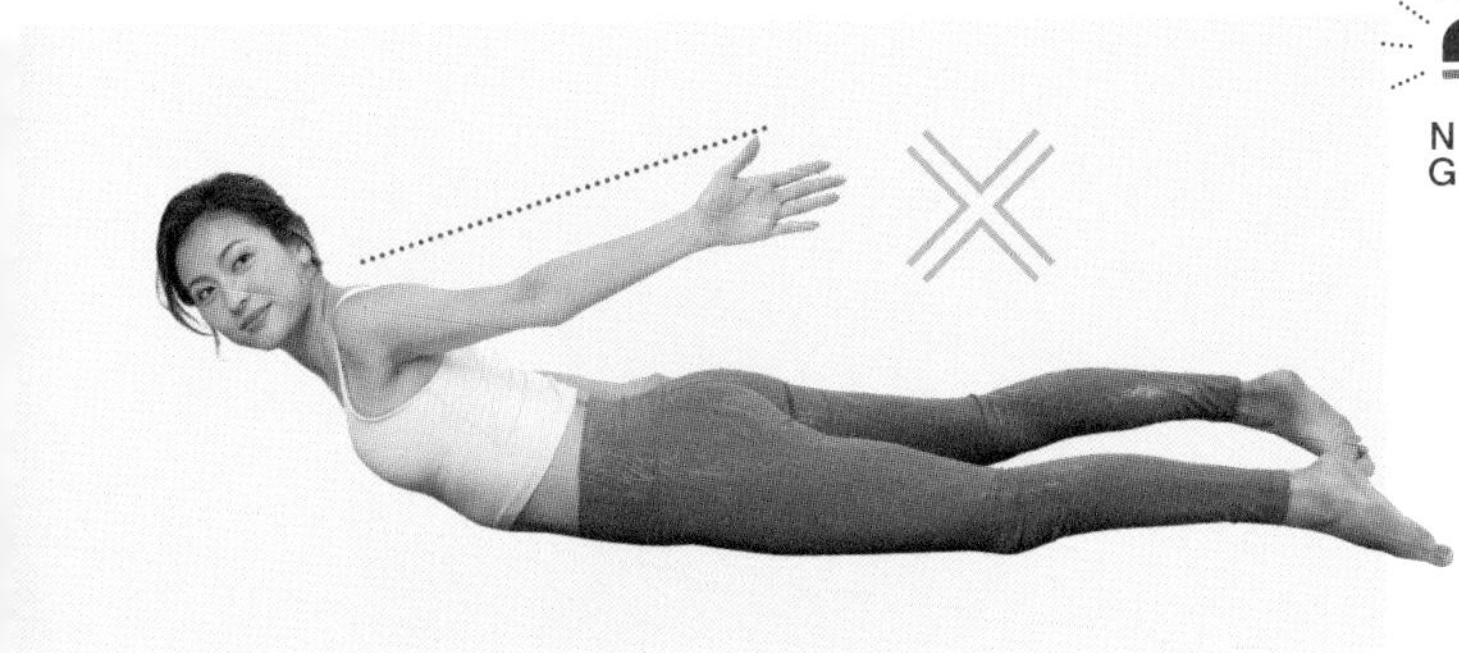

NG

手をおしり方向に伸ばすのは
NG

12

ぶ厚くなった背中を薄くする

手を前にして背中反らし

気づかないうちにぶ厚くなった背中や、
背中をまるめているせいで鉄板のように
固まってしまった背中の動きをよくして背中にもくびれを!

STEP 1

片手を
ナナメ前に出す

うつ伏せに寝て左手をナナメ前に出す。右手は顔の近くに置く。足を軽く開くと体が安定する。

まっすぐ前ではなく、体のやや外側に
息を吸う

Zoom up

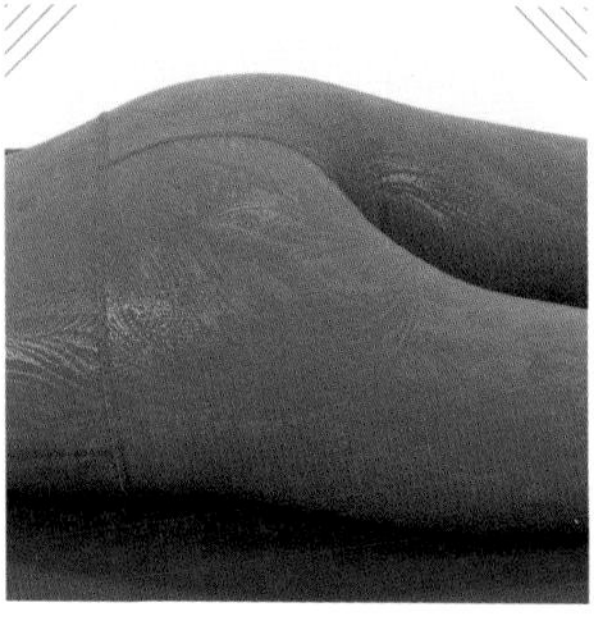

スタートポジションではおしりの力を抜く

Takuro's Voice

これが苦手な人は多いかも。できなくても背中を動かすことが大事！

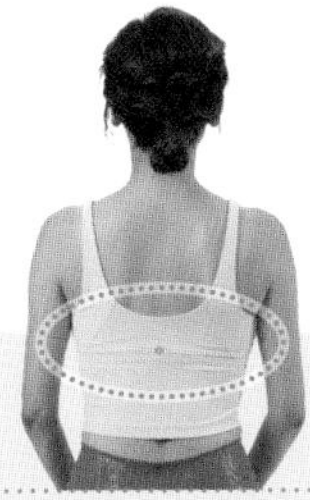

狙うのはココ！

肩甲骨の下にある**下後鋸筋《かこうきょきん》**と**脊柱起立筋群《せきちゅうきりつきんぐん》**を使って上体を反らす。

10回 くり返す

※逆側も同様に

STEP 2

手を上げて背中を反らす

骨盤を床につけたままにして手をナナメ前に上げて背中を反らせる。腰を反らせないように注意!

手がナナメ前になるように上げる
息を吐く

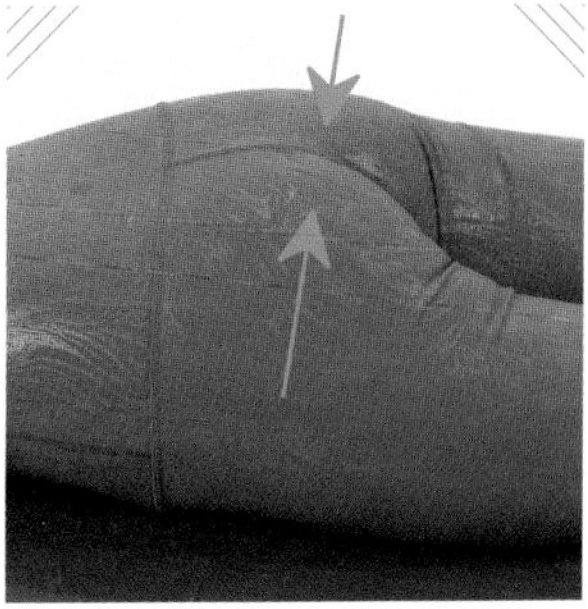
Zoom up
恥骨をぐっと前に出しておしりを締める

13

肩から背中についたムダ肉をなくす

エアでボートこぎ

ブラの上下からはみ出した背中の肉をやっつけるには
背中を伸ばして、ちぢめてどんどん動かすのみ!

STEP 1

手を前に出して背中のヨコをまるめ、お腹をちぢめて背中のタテをまるめる

背中をタテとヨコにまるめて背中の筋肉を前に向かってぐーっと伸ばす。腕を内側に回転させて手のひらを外に向けると、肩甲骨が前にスライドしやすくなる。

Back shoot

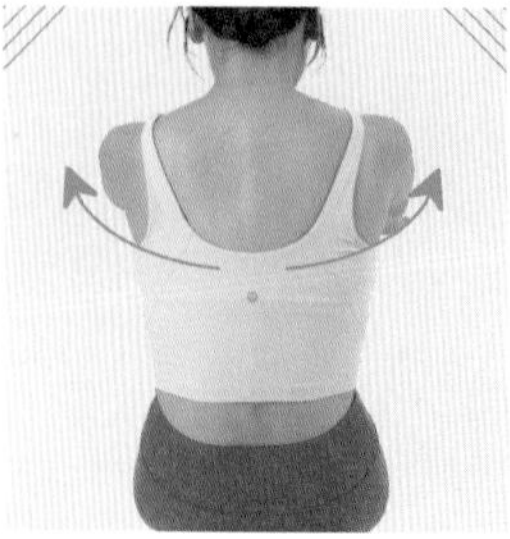

左右に広がった肩甲骨が前にスライドする。

Takuro's Voice

これが正しい肩甲骨を寄せる動き！

STEP2

肩を下げながらひじを後ろに引く

肩を下げて手のひらを上向きにしてひじを後ろに引き、伸ばした筋肉をしっかりちぢめる。腰ではなく、胸を天井に向けながら背中を反らせるように意識する。

2秒キープしてSTEP1に戻り10回くり返す

Back shoot

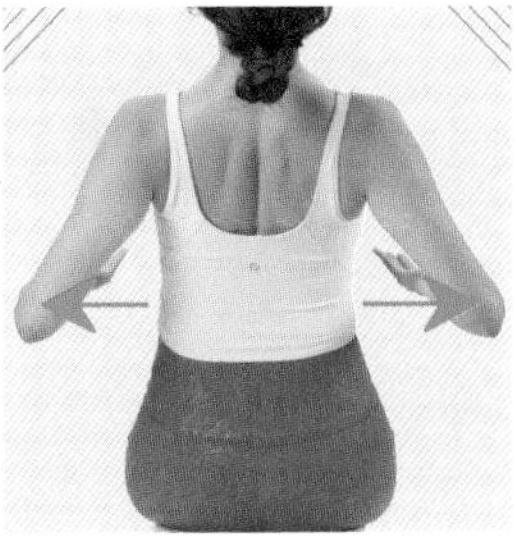

「ハ」の字にひじを開くと肩が下がる

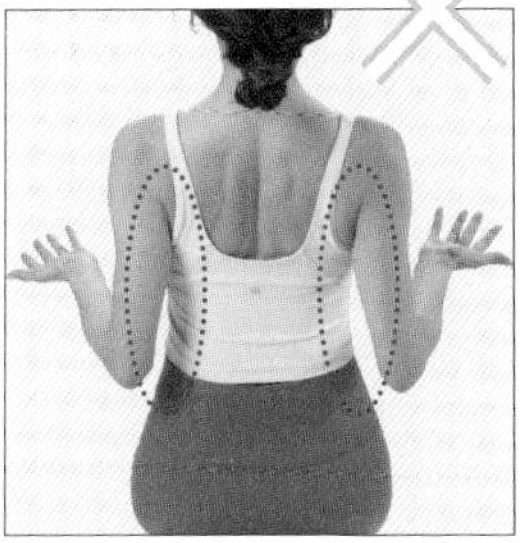

NG

わきを締めてひじを引くと肩が上がって正しく肩甲骨が寄らないのでNG

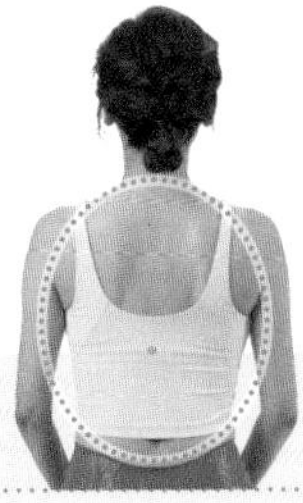

狙うのはココ！

背中の筋肉全体をできるだけ大きく動かそう。

Rib Training 3rd week

14

背中をヨコに引きのばして薄くする

エアでボール抱きストレッチ

背中は意識して動かさないと、どんどんぶ厚くなります。
背中を動かすベストな方法は、手を前に出して背中をヨコにまるめること。
お肉の奥にある筋肉が伸びて背中を薄くするスイッチが入ります。

息を吐く

右へ大きくスライド

肩甲骨を前にスライドして左右に動かす

大きなバランスボールを抱えているつもりで、ひじを曲げて思い切り肩甲骨を左右に開く。抱えているつもりのボールを右、左と移動させて片側ずつしっかりスライドさせる。

あぐらが苦手な人は正座かイスに座って行う。

左へ大きくスライド

息を吐く

右で5秒キープ
左で5秒キープ
×2セット

Takuro's Voice

バランスボールを抱えているイメージで

狙うのはココ！

肩甲骨が肩の方へ移動して、背中が薄くなったと感じればOK。

Rib Training 3rd week

15

薄い背中と美しいデコルテを作る

よつばいで背中まるめ

背中をまるめて薄くするだけでなく、手で床をぎゅ〜っと押すことでデコルテの奥にあるろっ骨とろっ骨の間の筋肉を刺激できます。デコルテに自信がついて胸元の開いたトップスを着たくなりますよ！

STEP 1

よつばいになる

床に手とひざをつくのがスタートポジション。

親指を前に向ける

STEP 2

手で床を押しながら背中をまるめる

手で床を押して腕を突っ張り、お腹をちぢめて引き上げながら背中を突き上げてまるめる。肩甲骨が左右に開き、肩の前が緊張していることを感じよう。

床をぎゅ〜っと押す

狙うのはココ！

肩甲骨周辺とわきの下にあるろっ骨の筋肉をしっかり使おう。

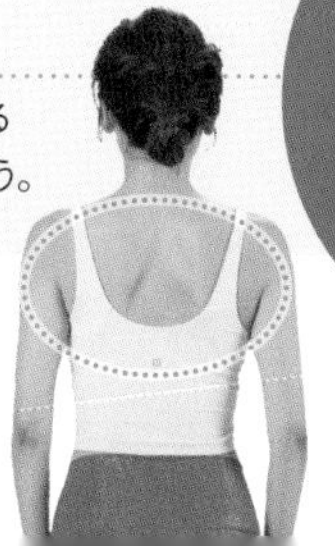

5秒キープしてSTEP1に戻り10回くり返す

お腹を凹ます

ひざ立ち腹筋［タテ］

たるんだお腹を引き締める、デニムをはいたときにウエストから
あふれるぷよ肉をなくすにはいちばん正しくできる
ひざ立ち姿勢での腹筋運動がベストです。

STEP 1

手を頭に当てて ひざ立ちする

誰でも簡単によい姿勢が取れるのがひざ立ち。この状態で腹筋運動をすると正しく行える。仰向けで行う腹筋は間違えやすいのでこれがベスト。

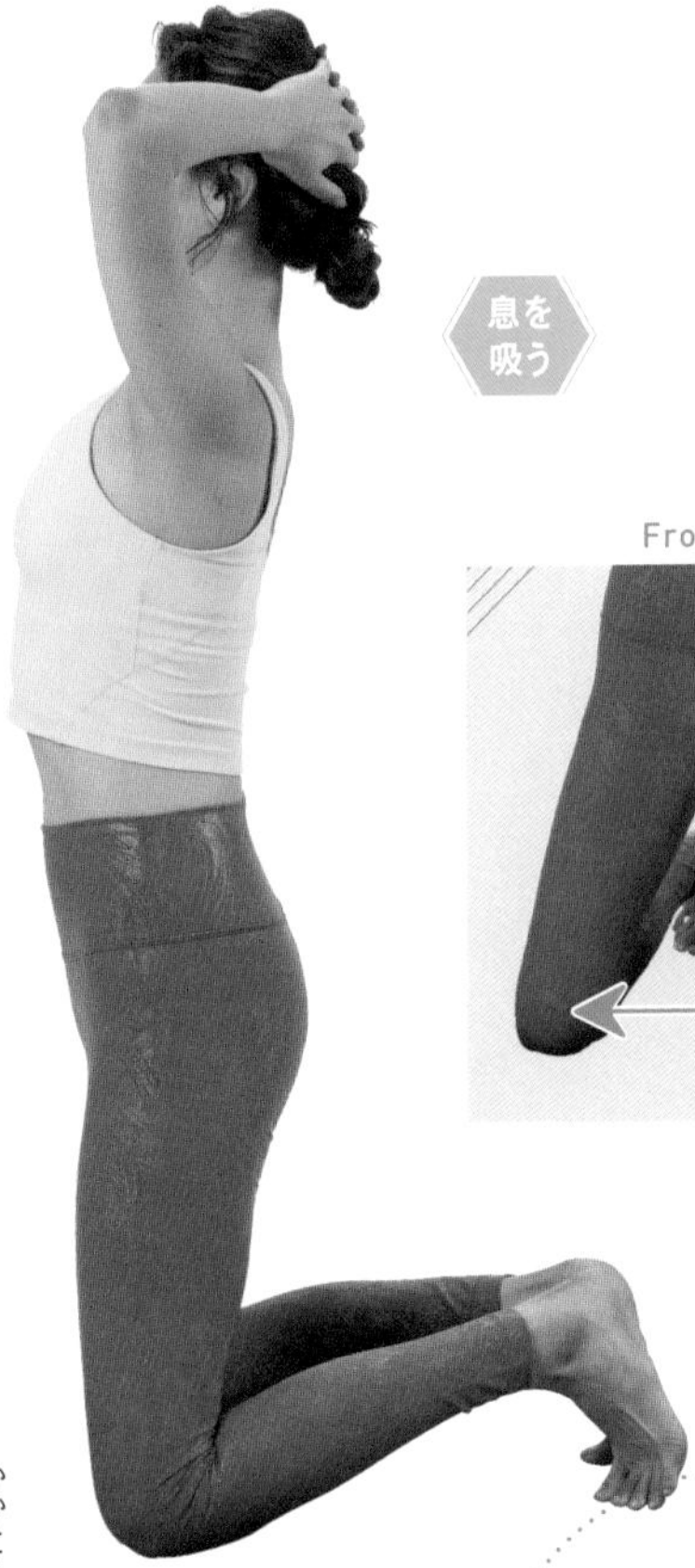

息を吸う

Front shoot

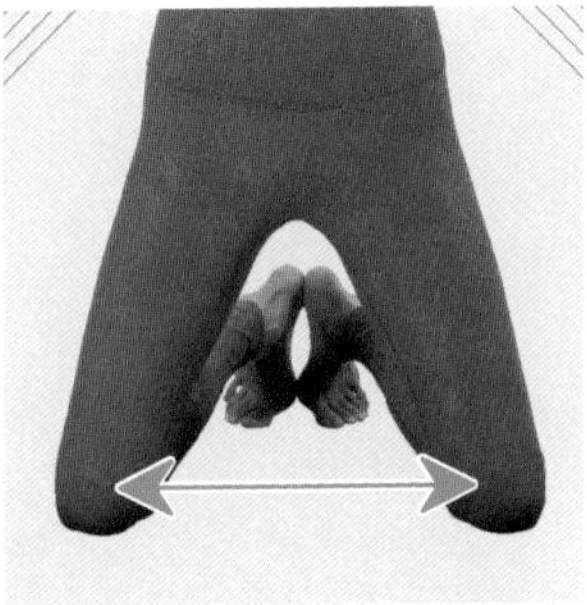

ひざを骨盤より少し広めに開く

Back shoot

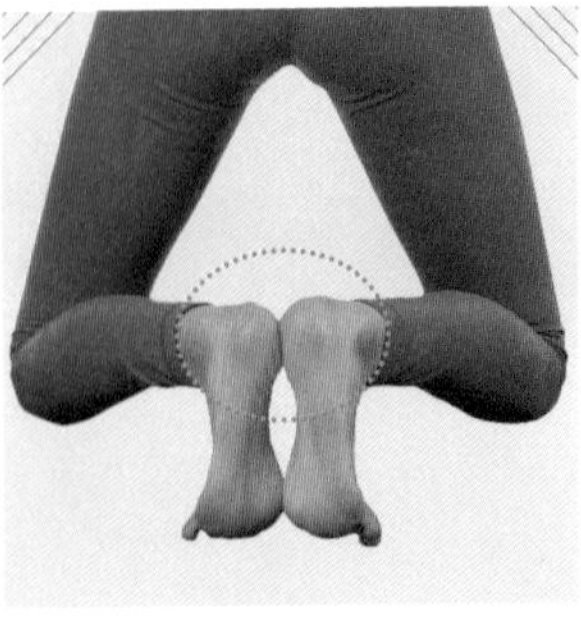

かかとをつける

おしりがしまって
背中が
まるまりやすくなる

Takuro's Voice

床に寝そべらなくても腹筋運動はできる。しかも効果最強！

2秒
キープして
STEP1 に戻り、
10回
くり返す

★背中がうまくまるまらないときは
2nd week の 6 に戻る
背中が固まって動きが鈍っていると、
お腹をちぢめられないことも。

STEP 2

背中をまるめて お腹をちぢめる

おしりを締めて首の力を抜き、ろっ骨の下部にあるお腹の中心をちぢめる。ちぢめたときに息をはくとお腹が凹んで腹直筋がちぢまる。

息を吐く

骨盤が後ろに傾く

お腹の感覚がわからないときは?

ろっ骨の下部を手で押さえてみぞおちと恥骨を近づける

狙うのはココ！

お腹の表面に近いところにタテに走っているのが**腹直筋**。
胃下垂のお腹ぽっこりや、ウエストからはみ出るぷよ肉を撃退。

Rib Training 3rd week

17

ウエストのくびれをはっきりさせる

ひざ立ち腹筋［ナナメ］

正面から見たときにウエストのヨコがキュッと引き締まっていたらサイコー！
わき腹の筋肉を引き締めてコルセットをつけたようなくびれを作りましょう。

息を吸う

STEP 1

手を頭に当てて ひざ立ちする

誰でも簡単によい姿勢が取れるのがひざ立ち。ひざ立ち腹筋［タテ］と同様に、ひざを広めに開き、かかとをつける。

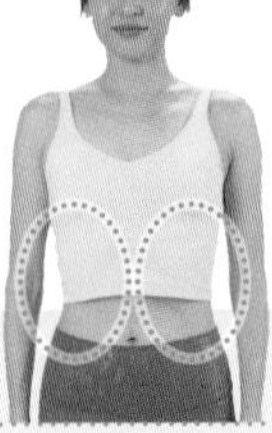

★うまくねじれないときは
2nd week の 6 に戻る
背中の動きが悪いままだとうまくできない。

狙うのはココ！

体の中央から外側に向かってナナメに走っているのが**腹斜筋群（内腹斜筋、外腹斜筋）**。ここを強化するとくびれが浮き立つ。

10回 くり返す
※逆側も同様に

Takuro's Voice

お腹の奥が硬くなるのを感じて！

STEP 2

上体をナナメにねじる

骨盤を正面を向けたまま、お腹を左にねじって上体をナナメに向ける。右肩と骨盤の左を近づけるイメージ。

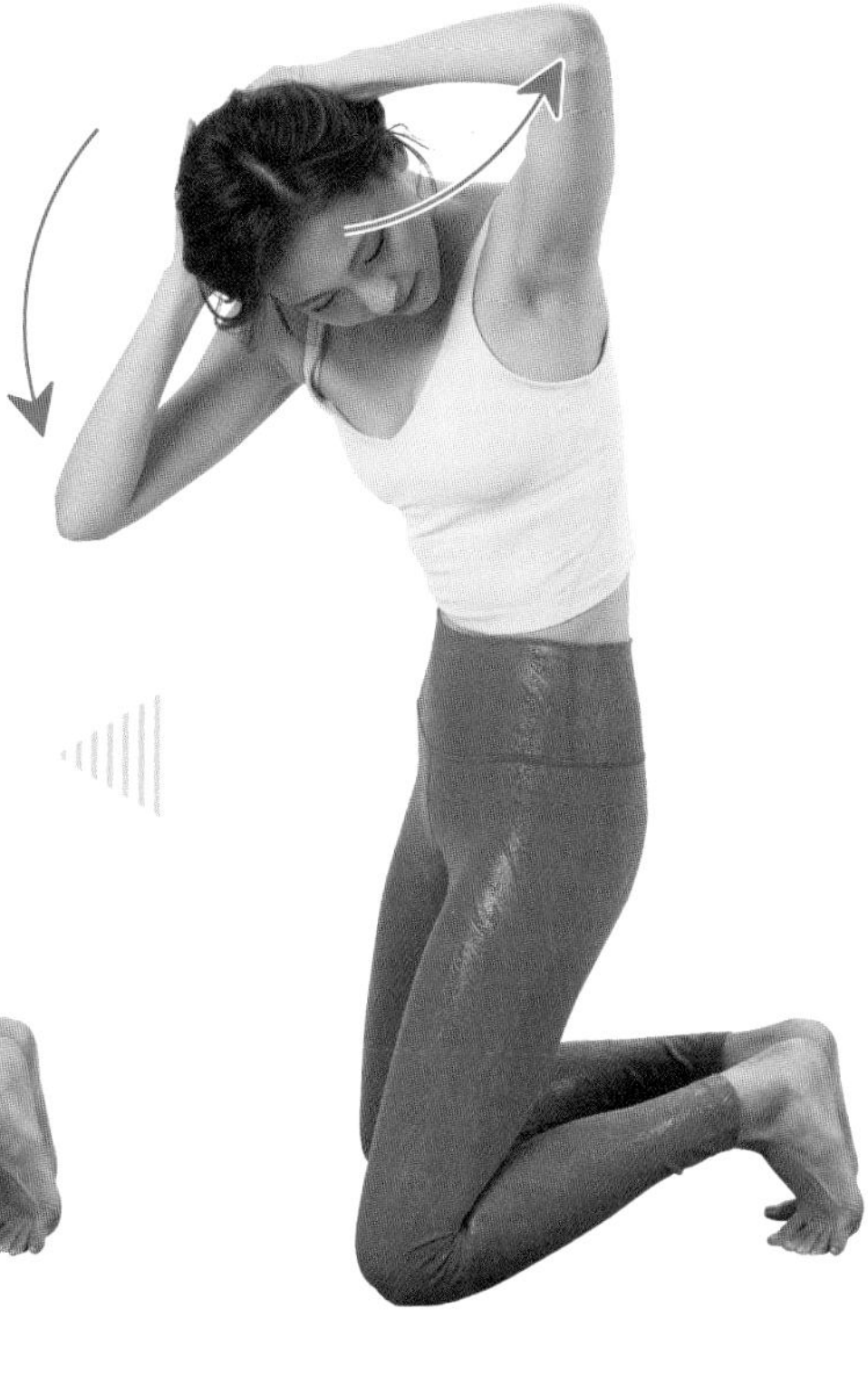

Front shoot

STEP 3

太ももに手を置く

右手を体の前でクロスさせてねじった方向に出し、太ももの外側に向かって手を伸ばしてさらにねじる。

Front shoot

おうちで簡単くびれ作り

リブトレ

4週間プログラム

4th week

目標

ろっ骨から骨盤に
アプローチして
くびれゲット

Column - 04

ろっ骨と骨盤をセットで動かせば最強のくびれ作り!

骨盤エクササイズの人気が続いていますが、じつは骨盤より先にろっ骨を整えるほうが、骨盤矯正にも効果があると考えています。

骨盤は少ない骨の数でがっちりと固定されていて、関節が大きく動くことはありません。骨盤を矯正したいなら、まずろっ骨を正しくして上半身からアプローチするほうが結果は出やすいと思います。なぜなら、ろっ骨が体の軸からブレていると、骨盤は上半身の重みで引っ張られて前にも後ろにも傾いてしまうからです。

4th weekで行う「リブアイソレーション」は立って行うので、骨盤にもアプローチできます。少し難易度は上がりますが、ろっ骨と骨盤の間の空間にばっちり効くので、くびれ作りの効果は抜群です。

骨盤が気になる人も、リブトレでろっ骨を整えてから骨盤エクササイズをするという順序で行ったほうが、効果が出やすいと思います。

Rib Training 4 th week

1日5分でするのはこれ！

4th week は

リブまわりの筋肉と連動して
トレーニング

18 腹筋とろっ骨を連動させる
……▼
19 腹筋と背筋を連動させる

この週の
エクササイズでは、
呼吸を意識する
必要は
ありません。

P102 18

リブアイソレーション［左右］

あれ？
意外とできちゃうよ

P104 19

リブアイソレーション［前後］

これも楽勝！
音楽がほしく
なってきた

P106

20 リブアイソレーション［連続バージョン］

むむっ、ちょっと
混乱するけどクリア！

P108

21 ひざ立ち腹筋のローテーション

前にやったのを
思い出して
やろう

Rib Training 4th week

18

ろっ骨と骨盤の距離を広げてウエストのくびれを作る

リブアイソレーション［左右］

お腹がぐしゃっとつぶれてろっ骨の下と骨盤の間の距離が短くなると、
ウエストのくびれは埋もれる一方。ろっ骨を正しい場所と傾きに戻せばくびれが浮き上がります。

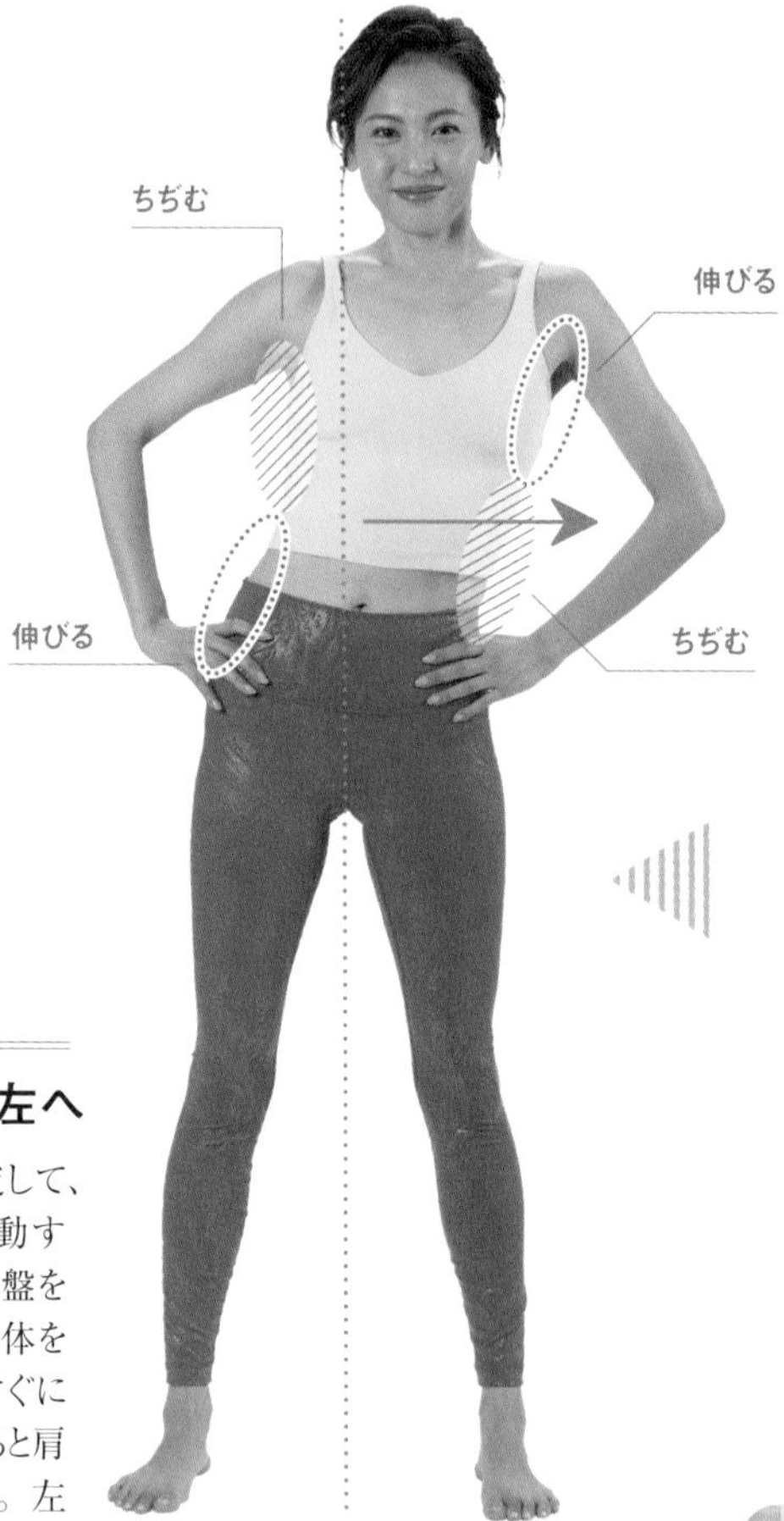

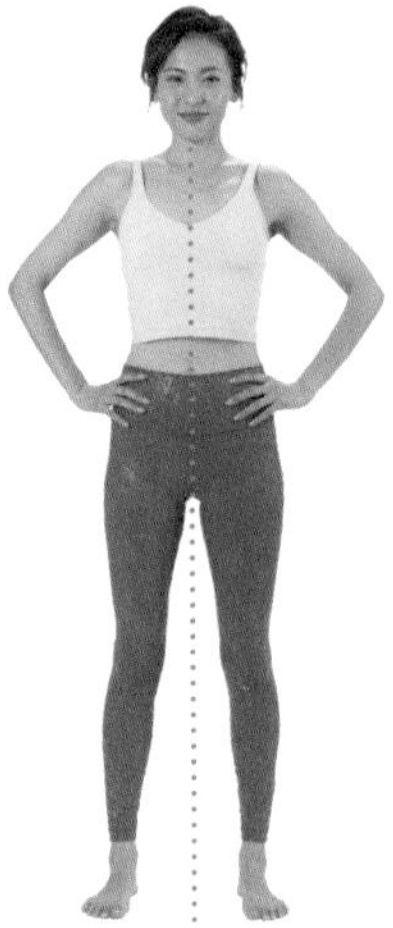

STEP 1

まっすぐに立つ

足を肩幅に開いて腰に手を当てる

STEP 2

ろっ骨の下部を左へ

骨盤をまっすぐに固定して、ろっ骨を左に平行移動する。できないときは骨盤をまっすぐにしたまま上体を傾け、肩と頭をまっすぐに戻す。手を腰に当てると肩の水平を保ちやすい。左のろっ骨の上が伸びて下がちぢみ、右のろっ骨の上がちぢんで下が伸びていればOK。

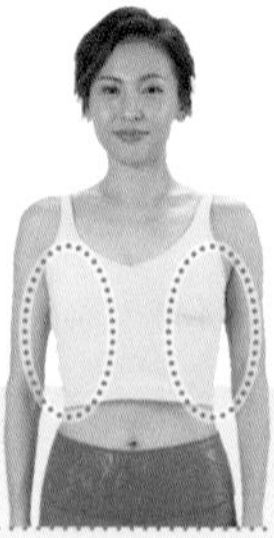

狙うのはココ！

ろっ骨とお腹の側面についている筋肉を伸ばしてちぢめる。

STEP4

ろっ骨の下部を右へ

骨盤を固定して、ろっ骨を右に平行移動する。できないときは骨盤をまっすぐにしたまま上体を傾け、肩と頭をまっすぐに戻す。手を腰に当てると肩の水平を保ちやすい。右のろっ骨の上が伸びて下がちぢみ、左のろっ骨の上がちぢんで下が伸びていればOK。

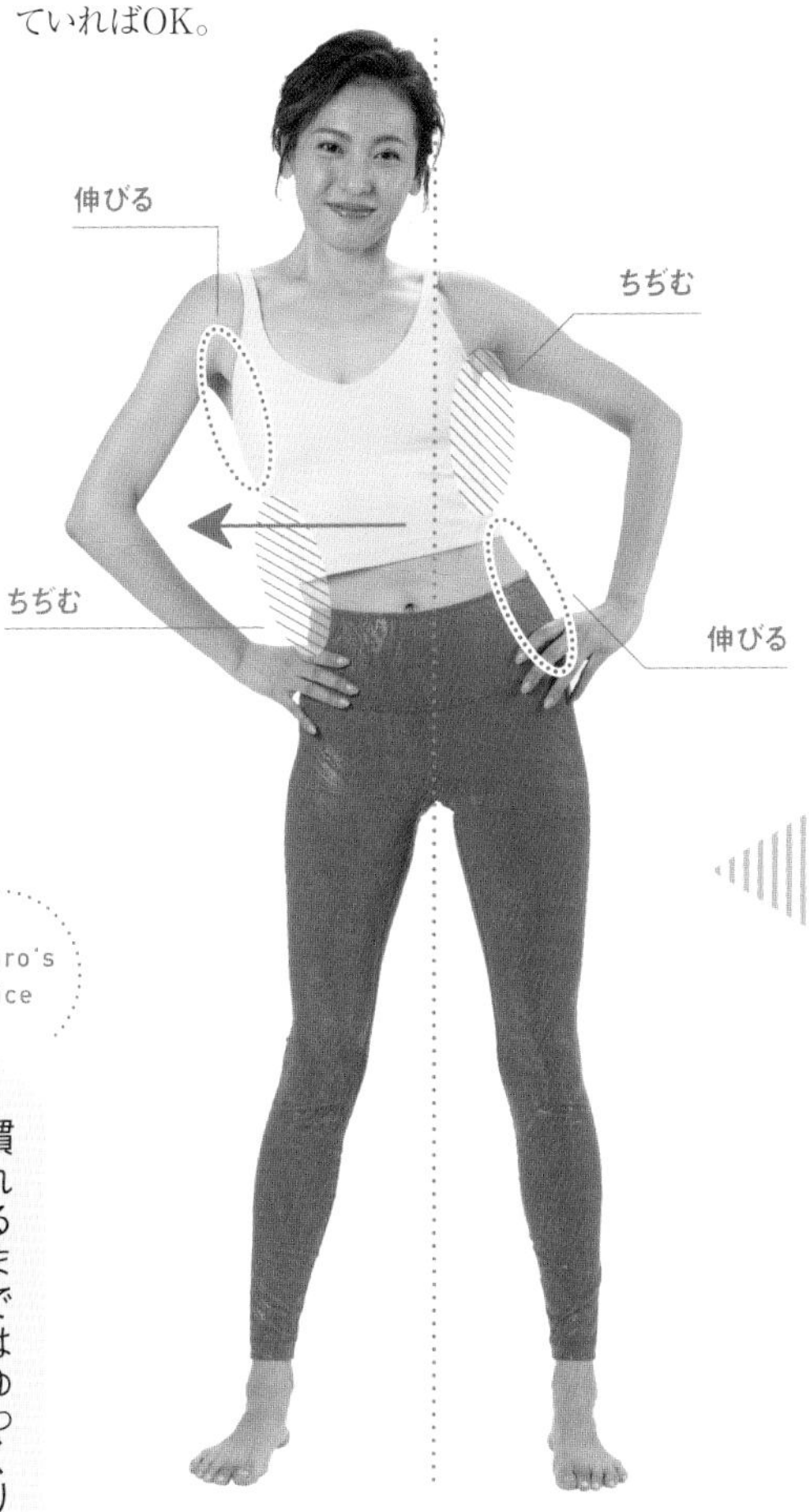

STEP3

まっすぐに立つ

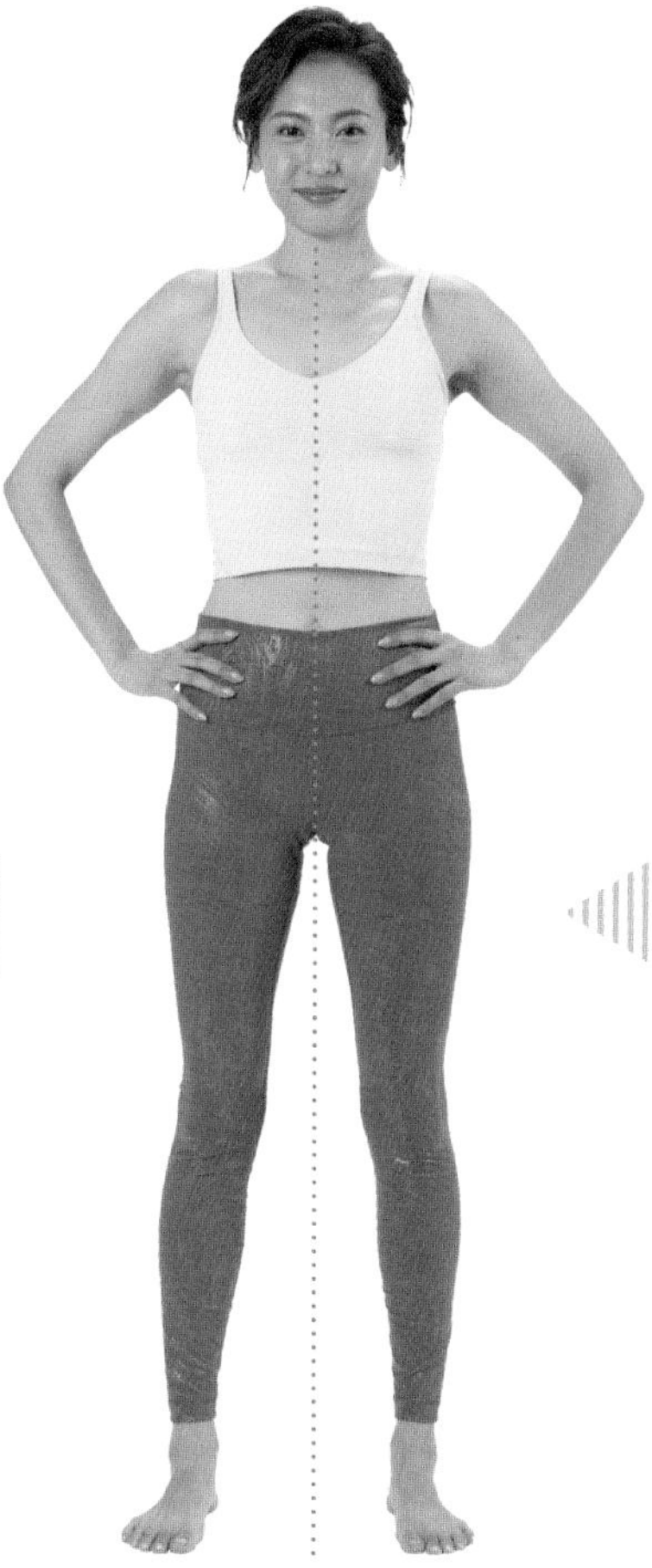

Takuro's Voice

慣れるまではゆっくり確実に！

まっすぐ→左へ→まっすぐ→右へ→まっすぐ→左へと **10往復する**

Rib Training 4th week

19

肩甲骨が浮き出る背中を作る

リブアイソレーション［前後］

背中反らしと背中まるめをくり返すと、普段はあまり動かさない背中にガツンとアプローチできる。みぞおちをちぢめて背中をまるめるのでお腹を凹ませてアンダーバストを細くする効果も抜群。

STEP 1

まっすぐに立つ

足を肩幅に開いて立つ。手を腰に当てて上体を安定させる。

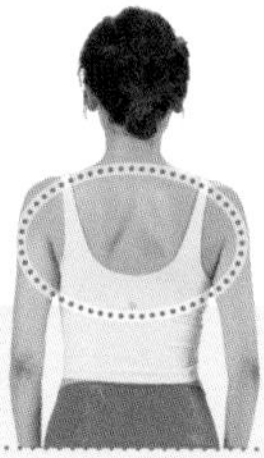

狙うのはココ！

肩甲骨まわりにある複数の筋肉にアプローチ！

Takuro's Voice

背中だけを動かしてくださいね

STEP2

背中を反らせる

腰をロックした状態で、背中（バストの真後ろ）を反らせる。胸を突き出して上に向けるイメージで。

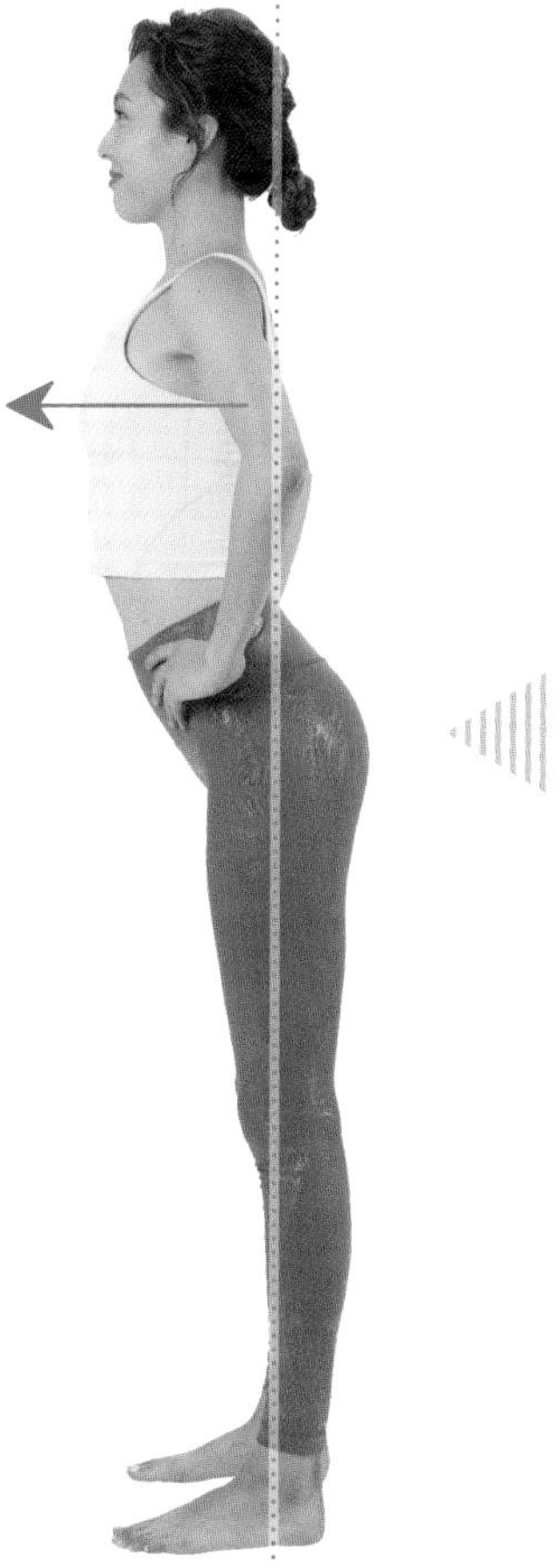

STEP3

背中をまるめて
肩甲骨を前にスライドする

腰をロックしたまま肩甲骨を前にスライドさせて背中をタテとヨコにまるめる。みぞおちをちぢめる。

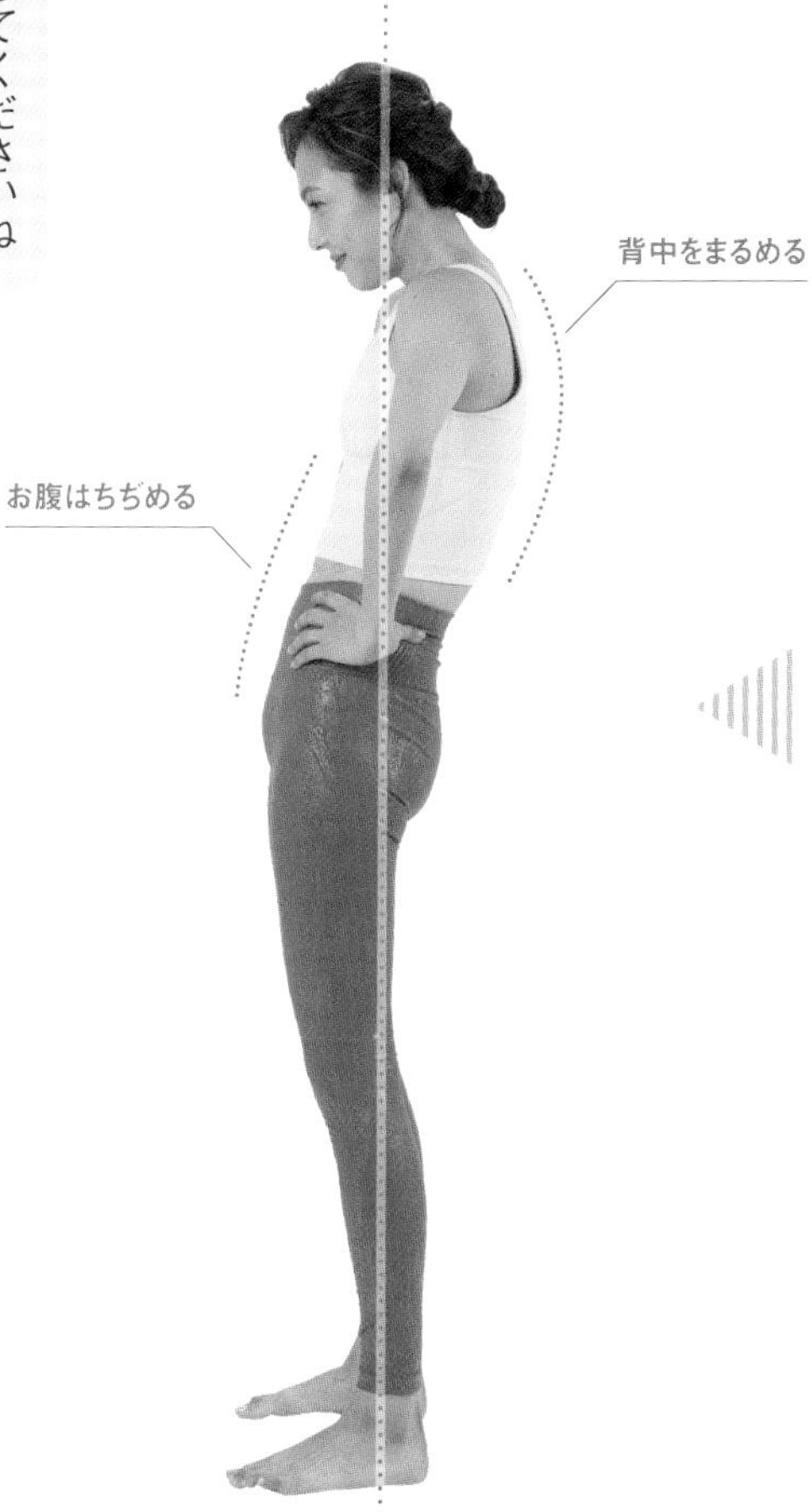

まっすぐ→前へ→後ろへ→前へ→後ろへと

10 往復する

背中とウエストにアプローチ!

リブアイソレーション
［連続バージョン］

リブアイソレーションの［左右］と［前後］を組み合わせて
スムーズに1周できるようになればしめたもの!
引き締まった背中とくびれを作り、それをキープする筋力がついてきますよ。

STEP 1
背中を反らせる

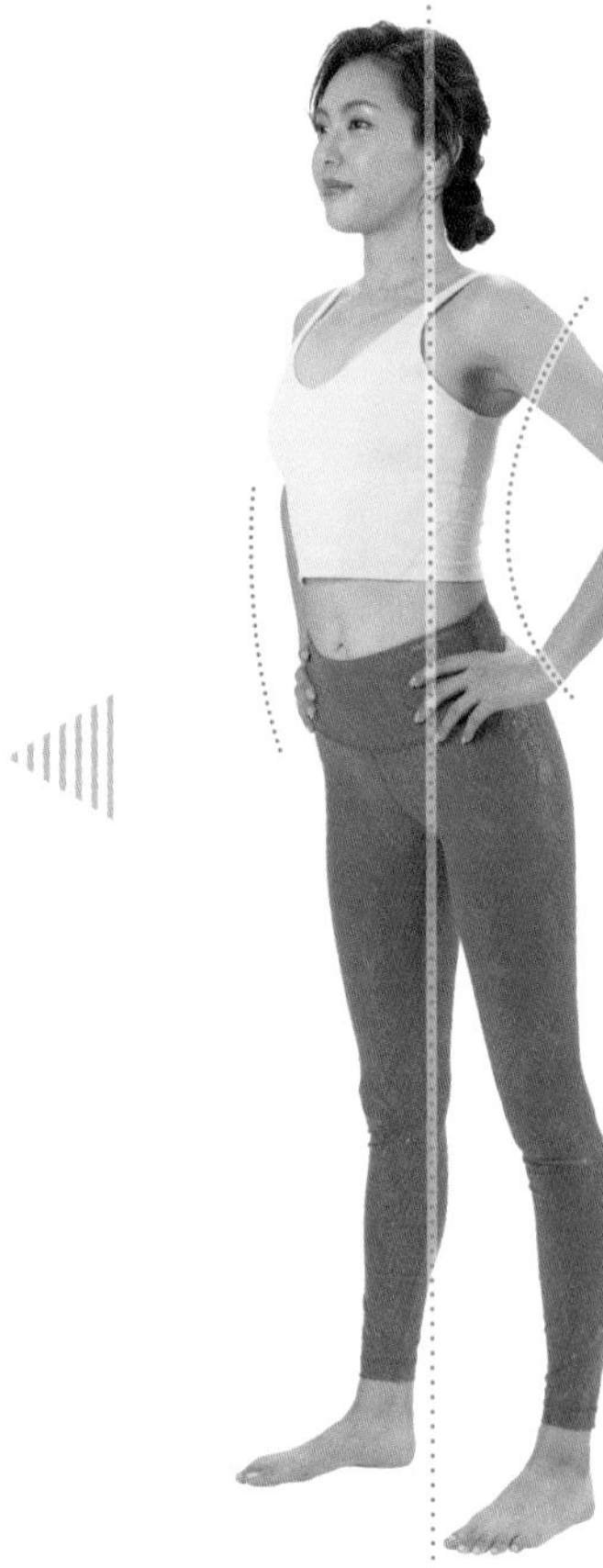

リブアイソレーション［左右］と［前後］をつないで1周させよう

STEP 2
ろっ骨の下部を右へ

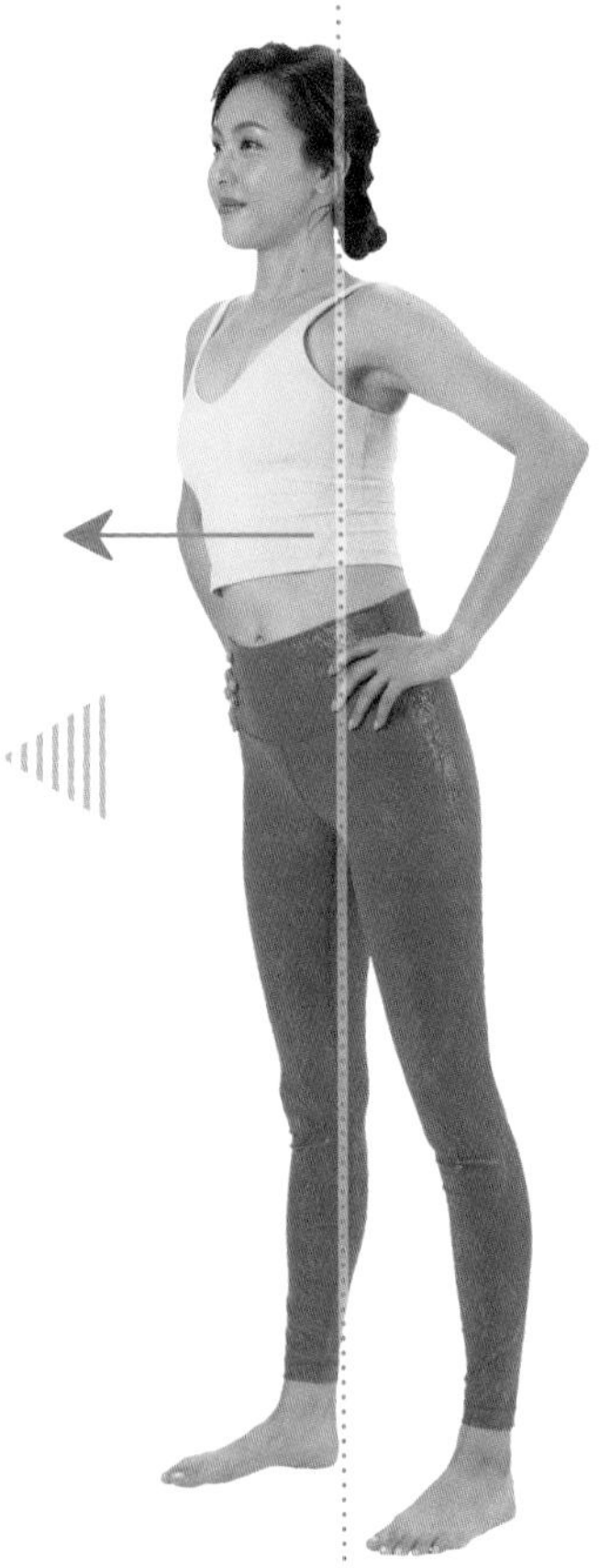

背中を反らせたらろっ骨の下部を横へ、そのまま背中をまるめてろっ骨の下部を横へとぐるりと1周、なめらかにまわす。骨盤を安定させて行うのがポイント。続けてなめらかにまわせないときは前、右、後ろ、左と4点を連続して行ってもよい。

右まわし×5回
左まわし×5回
行う

STEP3

背中をまるめる

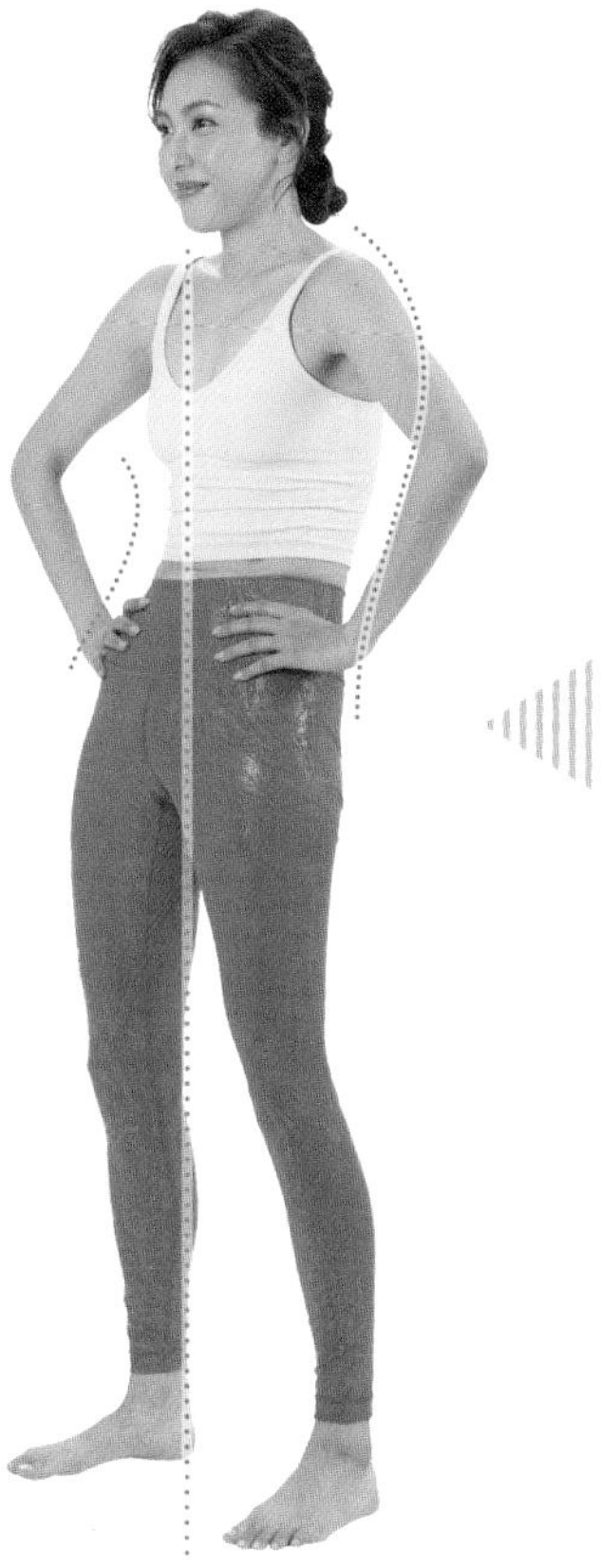

STEP4

ろっ骨の下部を左へ

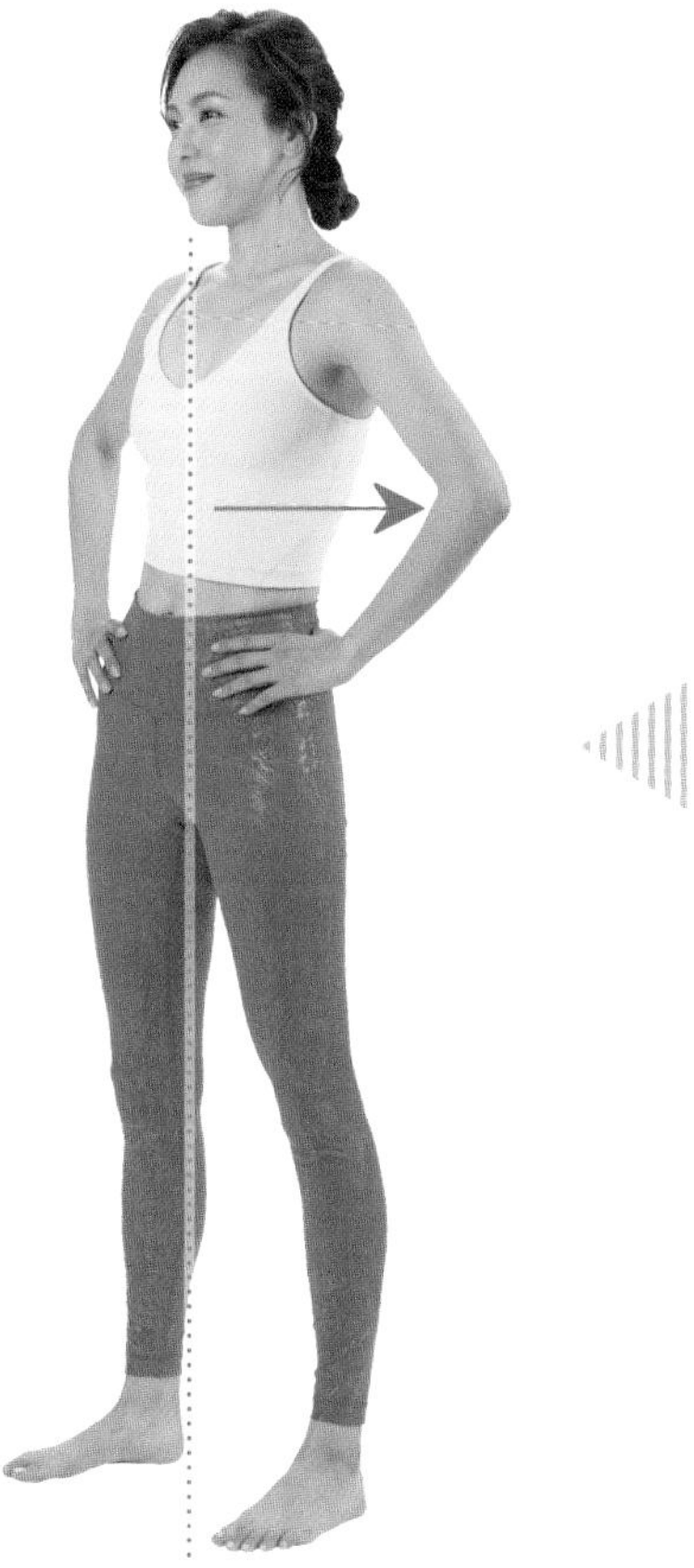

Rib Training 4th week

21

あちこちのくびれを掘り起こす

ひざ立ち腹筋のローテーション

ろっ骨を自在に動かせるようになってきたら、連続した動きで
あちこちに埋もれたくびれをどんどん掘り起こそう。
3 週間の積み重ねで鍛えた筋肉をフルに使って!

108 ページから 111 ページをひと続きで行います

STEP 1

ひざ立ち腹筋 [タテ]

背中をまるめてお腹をちぢめる

ひざ立ち腹筋 [タテ] 94 ページへ

STEP 2

背中反らし

腰を反らさないように注意して、背中(バストの真後ろ)を反らせる。手を前に伸ばして体を安定させる。

わき腹トレーニング

STEP3
左のわき腹をちぢめる

上体をまっすぐにして両手を頭に置く。上体が前や後ろに傾かないように注意して、真横に曲げる。曲げた側のお腹がちぢみ、伸ばした側のお腹がぐーっと伸びるのを感じて。

STEP4
右のわき腹をちぢめる

Takuro's Voice

ちゃんとできてますかー?

ひざ立ち腹筋のローテーションはリブトレの総仕上げ!
1st week から 3rd week までにエクササイズした筋肉をすべて使って行います

お腹をねじって手を前、うしろへ

STEP5

体をまっすぐにする

手を頭に置いたまま、体をまっすぐに戻す。

STEP6

左手を右のももに置く

上体を右ナナメ前に倒して、左手を右ももに置く。

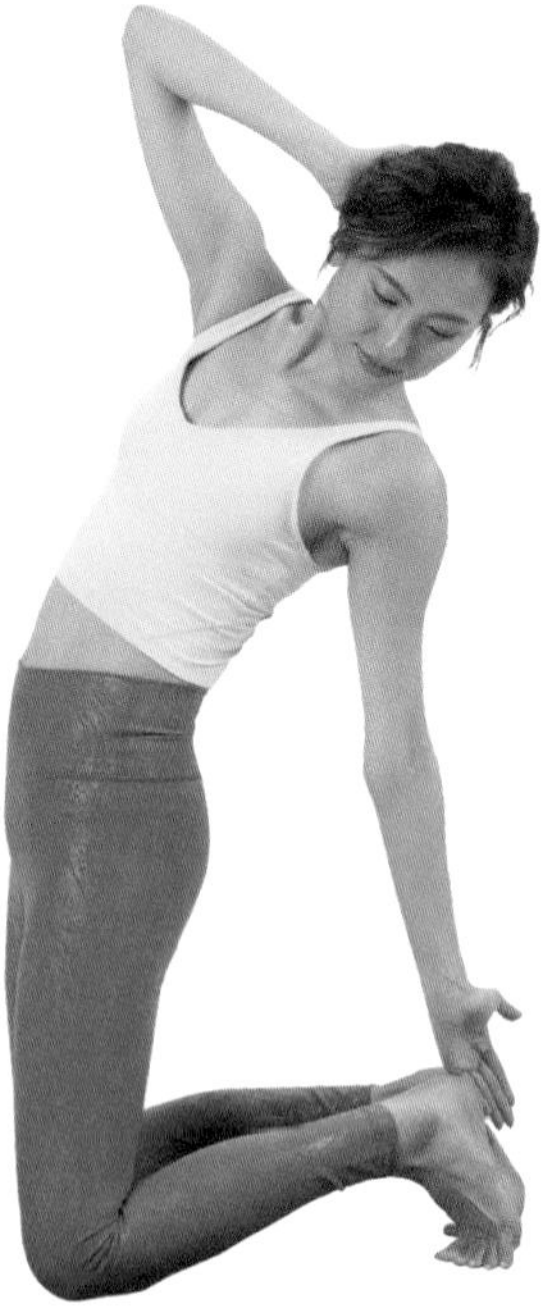

STEP7

手をかかとへ

腰を反らないように注意して背中（バストの真後ろ）を反らし、左手をかかとにつける。手をかかとにつけるよりも、腰を伸ばして背中を反らせることが大事。

※体をまっすぐに戻して逆の手も同様に

胸を天井に向ける
背中を反らす

STEP8

両手を後ろへ

腰をまっすぐにして背中（バストの真後ろ）を反らせて両手をかかとに置く。手がかかとにつかなくても背中が反っていれば OK。

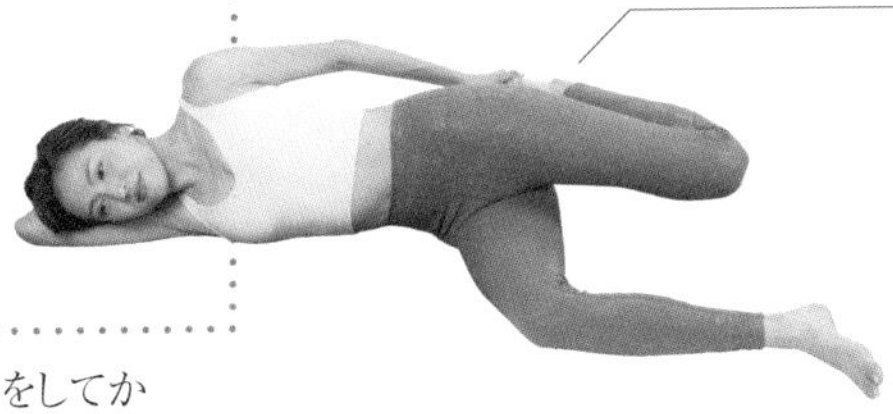
横になって、手でかかとを持って
前ももを伸ばす。

この姿勢がツラいときは?

前太もものストレッチをしてからやると good

P108 〜 111 を続けて

5回くり返す

Rib training
maxim

骨盤が正しいポジションにならないのは ろっ骨のゆがみが原因

――――骨盤の動きをよくするエクササイズをしているつもりが、
骨盤ではなくろっ骨で操作して、上半身しか動かせていない
人が多いです。骨盤とろっ骨は背骨でつながっているので、
連動して動かすことが大事。4th week にある
「18 リブアイソレーション［左右］」をすると
骨盤を正しいポジションにしやすくなります。

Chapter 3

みんな悩んでいる！

肩・首・腰の不調を解決するリブトレ

その場しのぎのマッサージより、不調が根こそぎとれるリブトレがお得！

不調が出ている場所につながる筋肉にアプローチする

肩こりや首こり、腰痛が慢性化していて、マッサージに通ったり、器具を使ったりしている人も多いと思います。こっているところや痛みがある部分をじかに刺激すると、とりあえず筋肉がほぐれるので、一時的に不快感はやわらぐかもしれません。けれど、**痛むところをもみほぐすだけでは、不調はくり返し起き続けます。**

ろっ骨の位置が体の軸からずれていたり、前や後ろに傾いたりしていると、首や肩はもちろん、腕や背中にも負担がかかります。上半身の置き場所がずれていたり、背中が固まっていて腰ばかりを反らせていたりすれば、腰に負担がかかって痛みを引き起こします。

不調が出ている場所につながる筋肉にアプローチするのが不調を消す本当の解決策です。

リブトレなら自力で不調を吹き飛ばせますよ。

https://diamond.jp/go/pb/rib/#bad

115　　Chapter3　みんな悩んでいる！　肩・首・腰の不調を解決するリブトレ

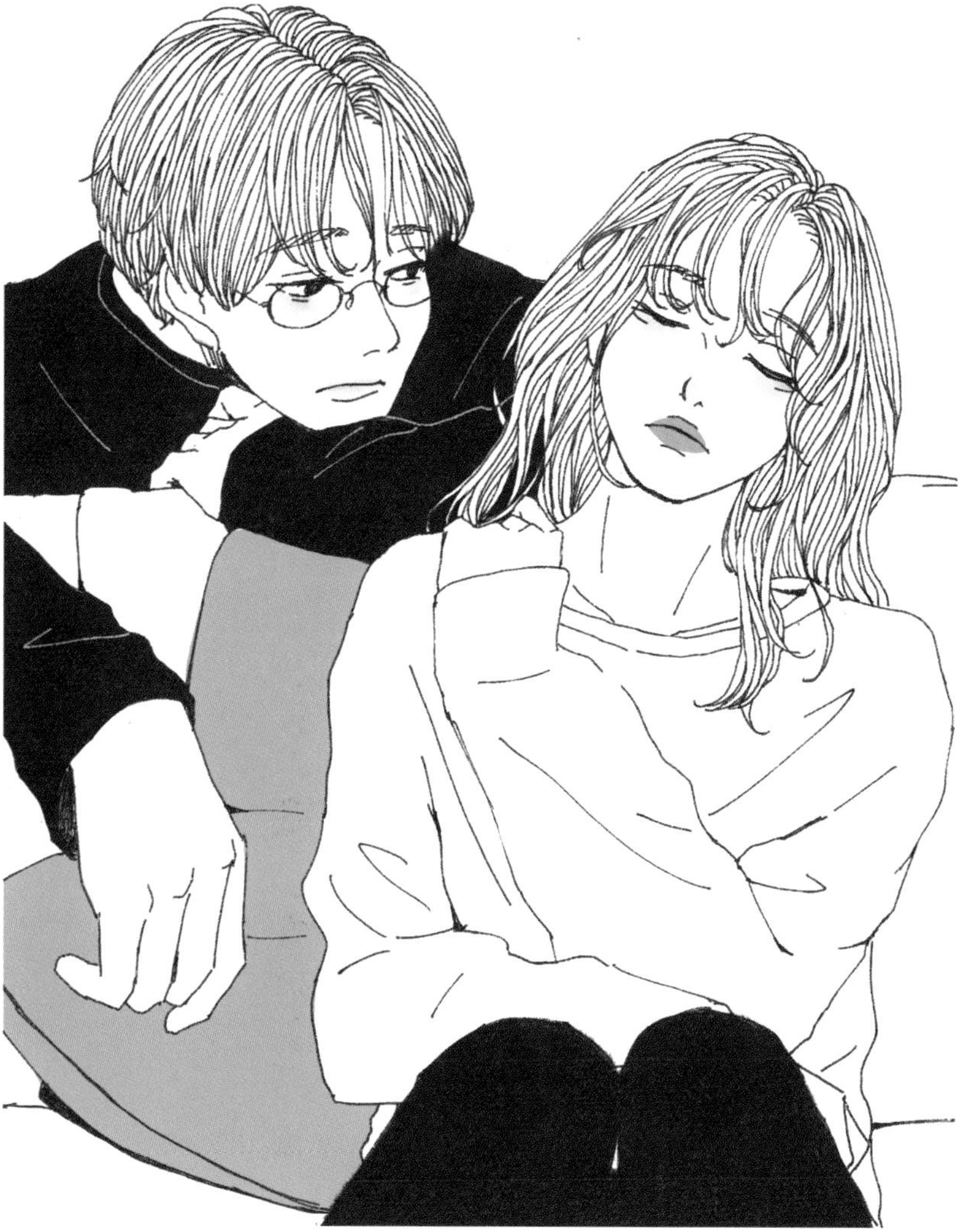

首・肩こりの人に！

肩がつねに上がっているのがしつこいこりの原因

バレリーナの首にくっきりと浮かび上がる左右一対の筋肉（胸鎖乳突筋）と、その奥にある斜角筋は、息を吸うときにろっ骨を引き上げる役割をしています。そして息を吐くとろっ骨が自然に下がります。

ところが**首や肩のこりがひどい人はつねに肩が上がっていて、息を吐いても肩が下がりません**。深い呼吸をするときに息を吐くのが苦手だと感じた人は、いつでも肩が上がっているせいで、首から肩にかけての筋肉がカチカチにちぢこまっていると思います。

射角筋ストレッチのポイントは、**必ず肩を下げた状態でストレッチ**することです。肩が上がっているのが普通になっていると感覚がわかりにくいかもしれませんので、少し大げさに肩を下げるとよいでしょう。左右合わせて1分でできますから、1日に何回でもやって、肩が上がるくせを修正してください。

射角筋《しゃかくきん》ストレッチ

STEP 1

手を腰に置いて頭を真横に傾ける

左腕と手の甲を腰に置き、肩が上がらないようにする。頭を右に倒し、右手を頭の上に置く。

息を吸う

STEP 2

手で頭を押さえたままあごを上げる、下げるをくり返す

首の後ろが伸びる、ちぢむのを感じながらゆっくりと上下に動かす。

息を吐く

吐ききったら吸って、再び吐く

あごを上下に動かしながら

30秒キープする

※逆側も同様に

狙うのはココ！

首の後ろの太い筋肉の両横に付いているのが**射角筋**。首を曲げるとき、大きく呼吸するときに上部のろっ骨を引き上げる。

ストレートネック・後頭部が痛む人に

硬くなった首の後ろをほぐして首のS字カーブを元に戻そう

リブトレ4週間プログラム2nd weekの「10あご引きエクササイズ」はうまくできたでしょうか。頭を後ろに倒しにくかった人は、**首の後ろ側のカーブが失われてしまうストレートネックか、その予備軍**になっている可能性があります。頭が胴体よりも前に出て、あごを前に突き出すのがラクだと感じているのではないでしょうか？

もしこの姿勢が自分ではラクだと感じていても、重い頭が体の軸からずれて前に出ているので、実際はそれだけで首にはかなりの負担がかかっています。

「あごを引いて頭は後ろ！」が正しい姿勢だとわかっても、首の後ろの筋肉がストレートネックをキープするように固まってしまっていると、自力ではなかなか矯正できないと思います。そこでアプローチを少し変えて首の後ろ、後頭部のすぐ下の筋肉（後頭《こうとう》下《か》筋群《きんぐん》）を手でほぐし、**頭の重みを利用してストレッチ**すると頭の位置が戻りやすくなります。

後《こう》頭《とう》下《か》筋《きん》ほぐし&ストレッチ

最初に

親指でほぐす

首の筋肉の両横にあるくぼみに親指を置く。小さな円を描くようにしてほぐす。くぼみがわかりにくいときは少し下を向くと探しやすい。

30秒 ほぐす

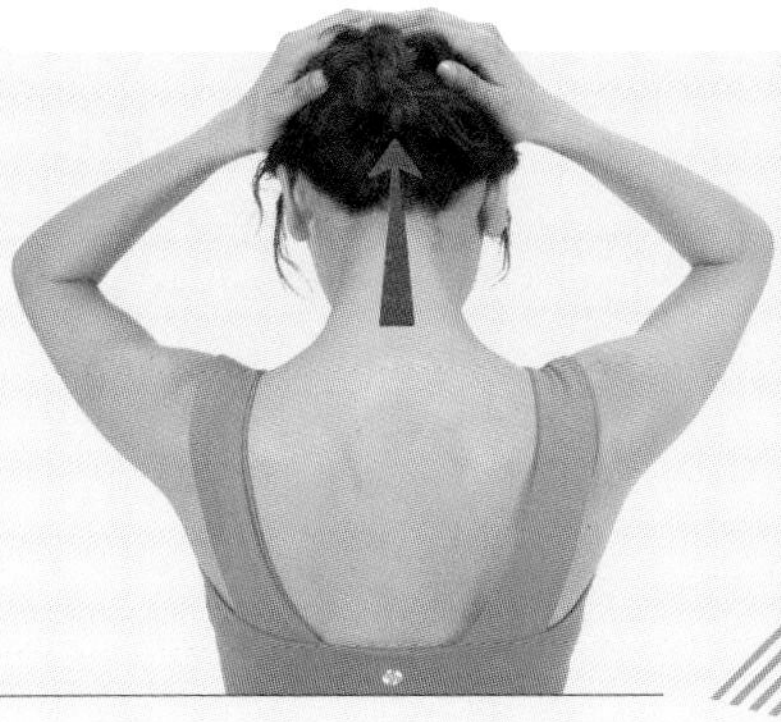

STEP 1

前に倒す

両手を組んで後頭部に置く。頭の重みを利用して頭を前に倒す。首の後ろが伸びるのを感じよう。

STEP 2

右に動かす

前に倒した状態で、頭を軽く右に倒す。左側の首の後ろが伸びているのを感じる。

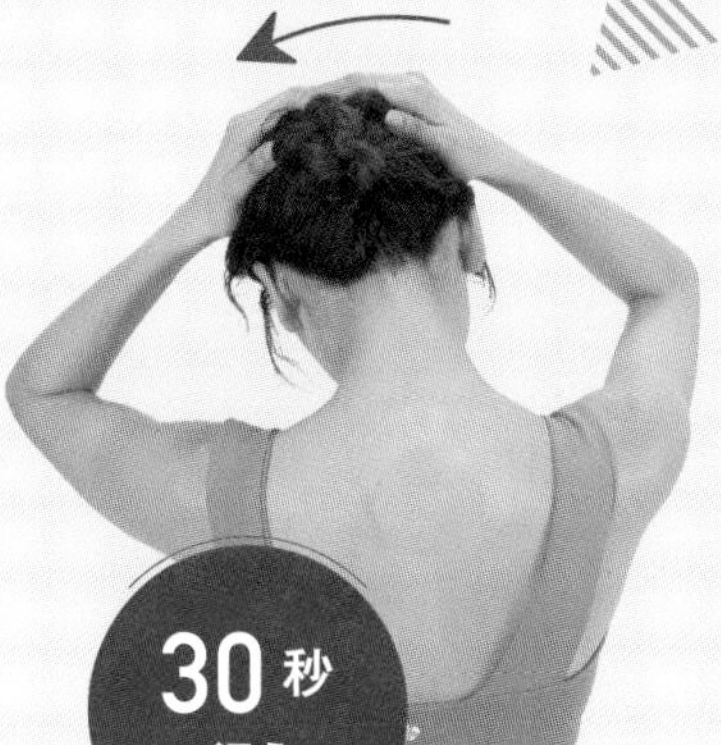

STEP 3

左に動かす

前に倒した状態で、頭を軽く左に倒す。右側の首の後ろが伸びているのを感じる。

30秒 行う

STEP 2と3をゆっくりくり返しながら

狙うのはココ!

後頭部の奥に複数ある筋肉が**後頭下筋群**。頭を後ろに引いて、頭がまっすぐに立つために必要。

肩が前に向かってまるまる人に！

ろっ骨と肩甲骨をつなぐ筋肉がちぢこまると肩が前にせり出したところで形状記憶される

肩の位置は横から見たときに耳の穴の下にくるのが自然です。「巻き肩」や「前肩」では肩が前に向かってまるまってしまい、背中にある肩甲骨が上がりっぱなしになります。肩が前に出ると背中まで巻き添えを食ってしまうのです。

　ここでほぐす小胸筋は、ろっ骨をはさんで肩甲骨の前側にある筋肉で、巻き肩の主犯！本来は肩甲骨を後ろに引っ張る筋肉なのですが、つねに肩が前に引っ張られているせいで機能しなくなっているのです。ほぐし方は簡単。指で直接ほぐせます。ほぐしたときに「ぎゃあっ！」叫びたくなるほどの激痛を感じた人は、相当にこり固まっています。それだけ肩もまるまっているということです。泣きながら激痛をこらえて強くほぐす必要はありませんが、**少し痛いくらいの刺激は必要**です。小胸筋も長年のくせですぐにちぢもうとするので、１日に何回でも気づいたときに行うといいですよ。

小《しょう》胸《きょう》筋《きん》ほぐし

30秒
ほぐす

※逆側も同様に

わきの下から指を差し込んで前にスライドする

わきの下から前に向かって指を差し込むとろっ骨に当たって止まる。そこから指をろっ骨に沿って前にスライドするようにしてほぐす。

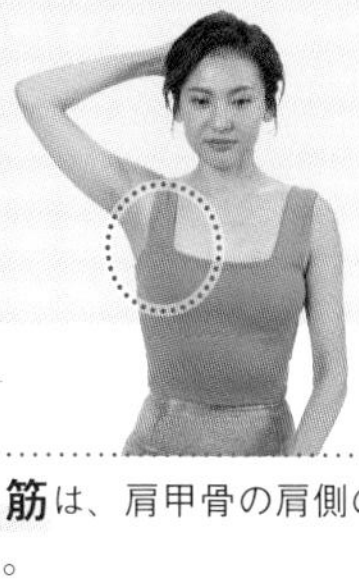

狙うのはココ！

大胸筋の下にある**小胸筋**は、肩甲骨の肩側の先端とろっ骨をつないでいる。

ガンコな巻き肩を矯正する

二の腕の力こぶが肩を前に引っ張っているのも肩が前にくる原因になっている

巻き肩の原因として**二の腕の力こぶ（上腕二頭筋）が肩を前に引っ張っている**ことも考えられます。とくに運動をしなくても、荷物を運ぶ、子どもを抱っこするなど、日常では手を前で使うことが多いので、力こぶが出る女性は意外と多いと思います。あるいはマシントレーニングなどのやりすぎで上腕二頭筋が発達している人もいるかもしれません。**鏡で見える前面の筋肉ばかりにとらわれていると、体の前後のバランスが悪くなることがよくあります**。

巻き肩によるこりを解消しようと、無意識に手を後ろにしてストレッチをしているかもしれませんが、そのときに手を内側にねじると巻き肩解消効果が10倍増します。ガンコな巻き肩は肩こりの原因になるだけでなく、首やろっ骨、肩甲骨の動きを鈍らせる原因になりますから、気づいたらやることを習慣にしてください。

上《じょう》腕《わん》二《に》頭《とう》筋《きん》ストレッチ

手を内側に回転させて 後ろへ移動する

まず手を前に出して、親指が下になるように内側に回転させる。そのまま手を後ろに移動して、まっすぐ後ろに向かってのばす。肩から腕をしっかりとねじり、背中をまっすぐにするのがポイント。

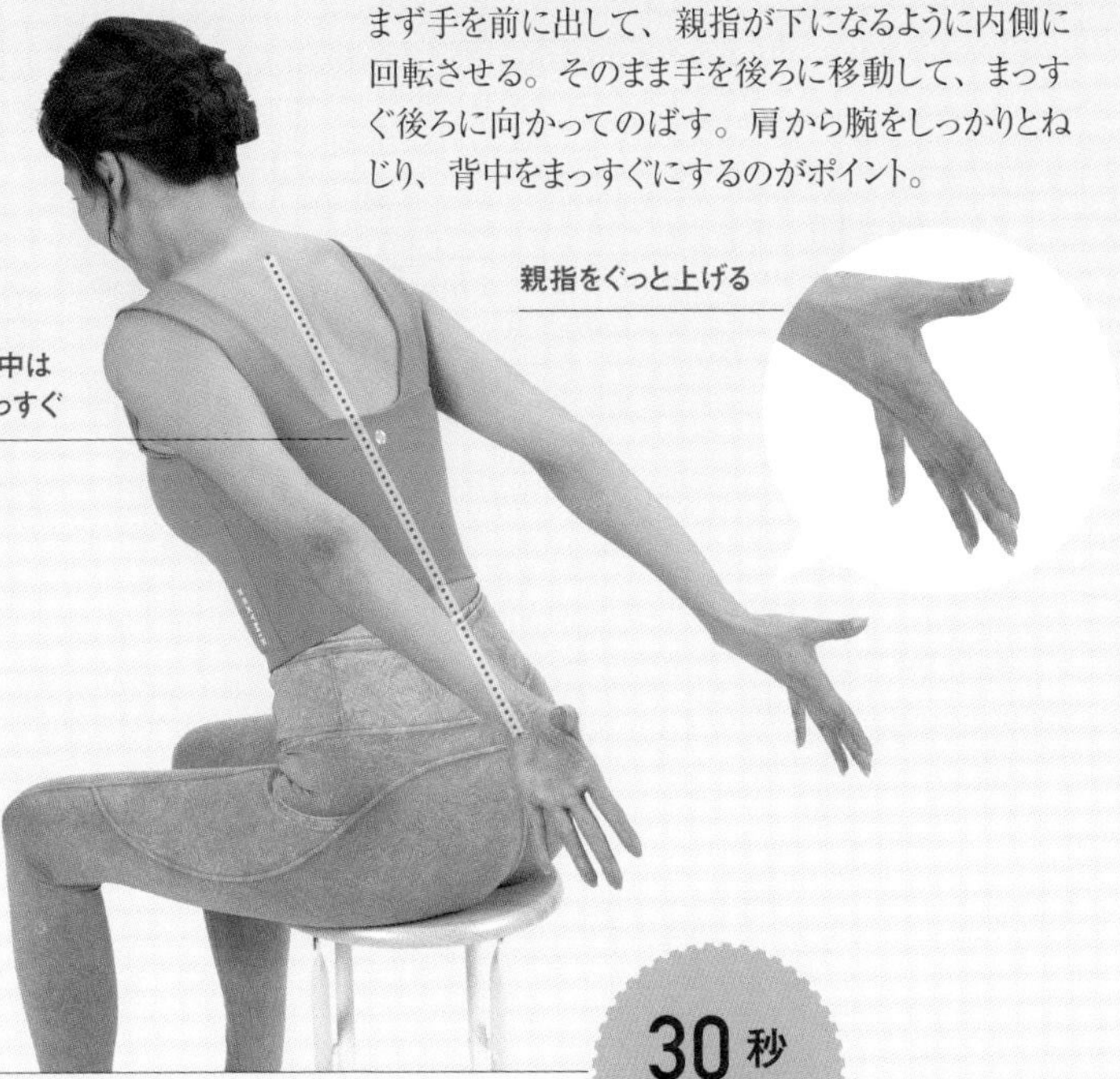

30秒 キープする

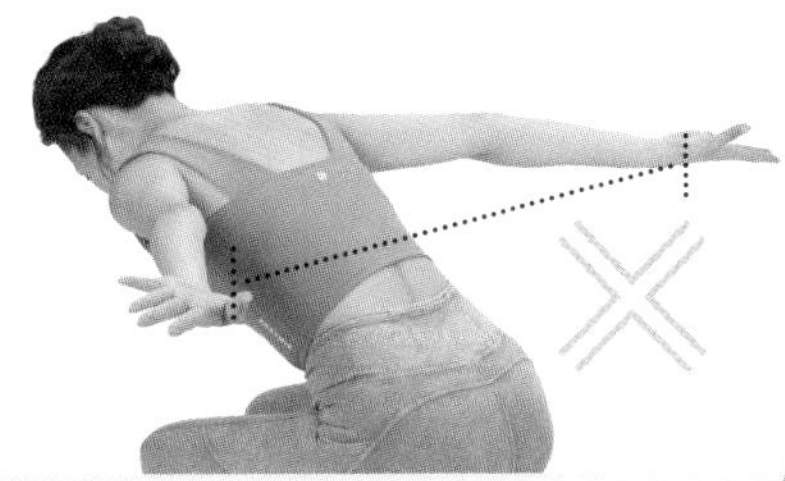

手はまっすぐ後ろに伸ばすのが正解。横に広がるとストレッチ効果が半減するので注意。

狙うのはココ！

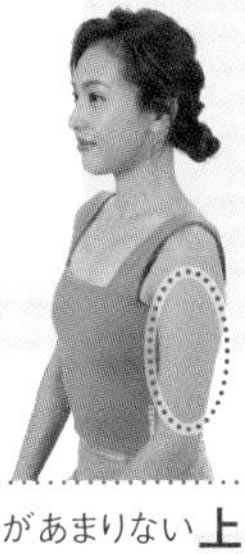

ちぢめることは多いのに、伸ばすシーンがあまりない**上腕二頭筋**をしっかり伸ばしてほぐそう。

イスやテーブルを 使ってもいい

30秒腕を上げたままにできないときはイスの座面やテーブルに手を置いてもOK。

腕がねじれている「猿手」のせいで首や肩がこりやすい人に！

腕のねじれをほぐすと肩・首のこりや腕がラクになる

マッサージにも通い、ストレッチもしているのに首や肩のこりが全然よくならない人のなかには、「猿《さる》手《て》」の人がいます。**両手の小指と両ひじをくっつけた状態で、腕をまっすぐに伸ばせる骨格**のことで、女性にはけっこう多いタイプです。

猿手は肩が内側まわし、ひじが外側まわしになっているので、ひじから先が外に向かって広がってしまうのです。何が悪いかというと、肩からひじの部分がねじれているのに、ひじから先は外まわしが得意なのであまり不便を感じず、自分の肩は外まわしが苦手なことに気づけません。

このタイプは、ひじのストレッチと腕ねじりをすると、**肩とひじのねじれが矯正されて腕がまっすぐに近づきます**。肩の動きがよくなるので長年悩まされてきたこりから解放されます。猿手のねじれはしぶといので、いつでも何回でもやってください。

ひじのストレッチ&腕ねじり

ひじのストレッチ

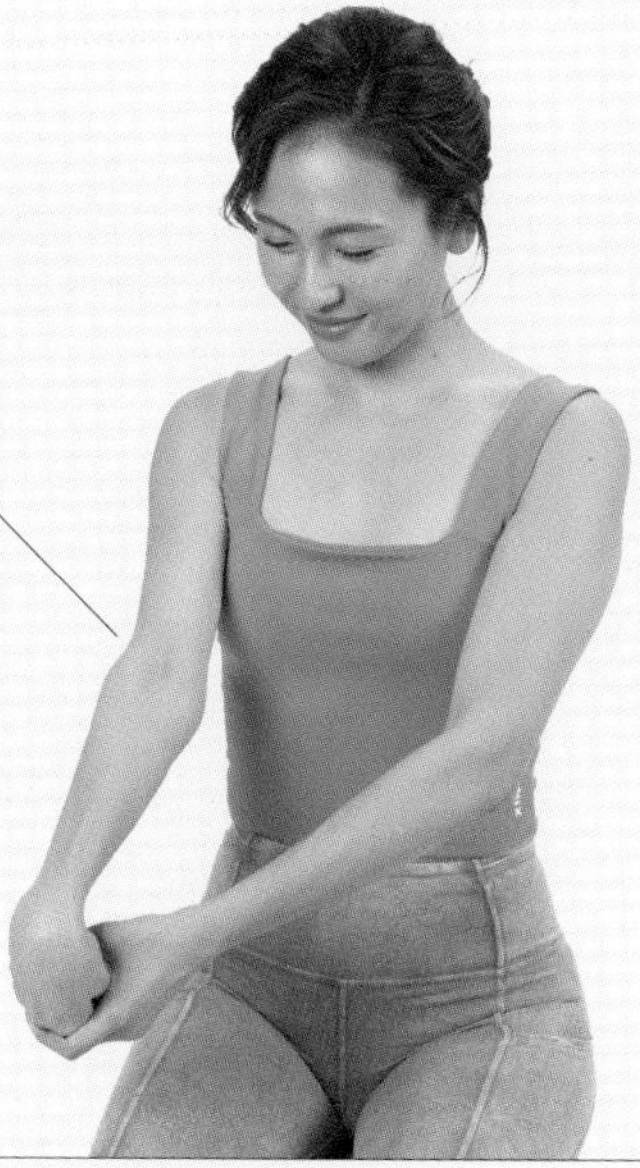

肩を下げて、
肩からねじる

手首を曲げて、ひじの内側を天井に向ける

右手の手首を曲げて左手で押さえる。ひじの内側を天井に向ける。肩からねじるようにするとひじがしっかり動く。

腕ねじり

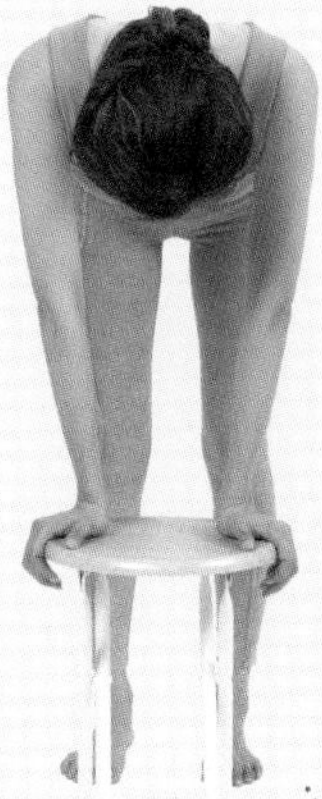

STEP 1

自然にひじをのばす

イスやテーブル、床に手をついてひじをのばす。手の親指がまっすぐ前を向くようにする。

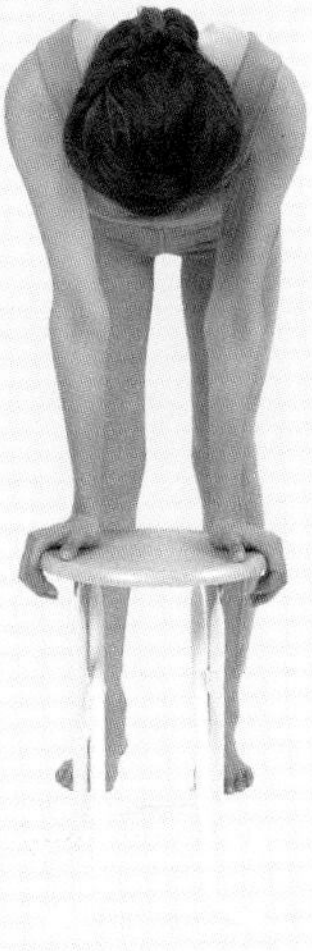

STEP 2

ひじの内側を外に向ける

手が動かないようにして、肩から腕をねじってひじの内側を外に向ける。この状態を2秒キープしたらSTEP1に戻ってくり返す。

STEP 2で2秒キープしてSTEP 1に戻るを

10回くり返す

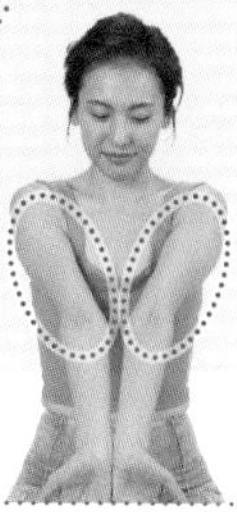

狙うのはココ！

肩からひじにかけての筋肉がストレッチされていればOK。

Rib training
maxim

5分エクササイズをしたあなたは
めっちゃ偉い!!

――――エクササイズの順番や、何日続ければいいとかの
問い合わせをたくさんいただきます。
どうせ体を動かすなら確実に効果を得たい、
効率よくやりたい気持ちはわかりますが、
まず５分やったことが偉いです。まったく体を動かさなければ
得るものは何一つありませんから。

［著者］

森 拓郎（もり・たくろう）

運動指導者、フィットネストレーナー、ピラティス指導者、整体師、美容矯正師。大手フィットネスクラブを経て、2009年、自身のスタジオ「rinato」（加圧トレーニング＆ピラティス）を東京・恵比寿にオープンし、ボディメイクやダイエットを指導。

足元から顔までを美しくするボディワーカーとして、運動の枠だけにとらわれないさまざまな角度からボディメイクを提案する運動指導者として活動している。ボディラインを重視したキメ細かいボディメイク指導に定評があり、ファッションモデルや女優などの著名人からの信頼も厚い。

著書に、『運動指導者が断言！ダイエットは運動1割、食事9割』（ディスカヴァー・トゥエンティワン）、『30日でスキニーデニムの似合う私になる』（ワニブックス）、『ボディメイクストレッチ 理想の体を手に入れればどんな服も着こなせる』（SBクリエイティブ）などがある。

おうちで簡単くびれ作り　リブトレ

2021年4月20日　第1刷発行
2021年5月7日　第2刷発行

著　者――森 拓郎
発行所――ダイヤモンド社
〒150-8409　東京都渋谷区神宮前6-12-17
https://www.diamond.co.jp/
電話／03·5778·7233（編集）　03·5778·7240（販売）

ブックデザイン・DTP―鈴木大輔、仲條世菜（ソウルデザイン）
カバー・イメージイラスト―yasuna
モデル――SOGYON（ソギョン）
撮影（写真・動画）―小島真也
ヘアメイク――山崎由里子
本文イラスト――笹山敦子
校正――星野由香里
製作進行――ダイヤモンド・グラフィック社
印刷――新藤慶昌堂
製本――ブックアート
編集協力――黒川ともこ
編集担当――中村直子

ISBN 978-4-478-11323-3